„BÜCHER SIND WIE FALLSCHIRME. SIE NÜTZEN UNS NICHTS, WENN WIR SIE NICHT ÖFFNEN."

Gröls Verlag

Redaktionelle Hinweise und Impressum

Das vorliegende Werk wurde zugunsten der Authentizität sehr zurückhaltend bearbeitet. So wurden etwa ursprüngliche Rechtschreibfehler *nicht* systematisch behoben, denn kleine Unvollkommenheiten machen das Buch – wie im Übrigen den Menschen – erst authentisch. Mitunter wurden jedoch zum Beispiel Absätze behutsam neu getrennt, um den Lesefluss zu erleichtern.

Um die Texte zu rekonstruieren, werden antiquarische Bücher von Lesegeräten gescannt und dann durch eine Software lesbar gemacht. Der so entstandene Text wird von Menschen gegengelesen und korrigiert – hierbei treten auch Fehler auf. Wenn Sie ebenfalls antiquarische Texte einreichen möchten, finden Sie weitere Informationen auf www.groels.de

Viel Freude bei der Lektüre wünscht Ihnen das Team des Gröls-Verlags.

Adressen

Verleger: Sophia Gröls, Im Borngrund 26, 61440 Oberursel

Externer Dienstleister für Distribution & Herstellung: BoD, In de Tarpen 42, 22848 Norderstedt

Unsere „Edition | Werke der Weltliteratur“ hat den Anspruch, eine der größten und vollständigsten Sammlungen klassischer Literatur in deutscher Sprache zu sein. Nach und nach versammeln wir hier nicht nur die „üblichen Verdächtigen“ von Goethe bis Schiller, sondern auch Kleinode der vergangenen Jahrhunderte, die – zu Unrecht – drohen, in Vergessenheit zu geraten. Wir kultivieren und kuratieren damit einen der wertvollsten Bereiche der abendländischen Kultur. Kleine Auswahl:

Francis Bacon • Neues Organon • **Balzac** • Glanz und Elend der Kurtisanen • **Joachim H. Campe** • Robinson der Jüngere • **Dante Alighieri** • Die Göttliche Komödie • **Daniel Defoe** • Robinson Crusoe • **Charles Dickens** • Oliver Twist • **Denis Diderot** • Jacques der Fatalist • **Fjodor Dostojewski** • Schuld und Sühne • **Arthur Conan Doyle** • Der Hund von Baskerville • **Marie von Ebner-Eschenbach** • Das Gemeindekind • **Elisabeth von Österreich** • Das Poetische Tagebuch • **Friedrich Engels** • Die Lage der arbeitenden Klasse • **Ludwig Feuerbach** • Das Wesen des Christentums • **Johann G. Fichte** • Reden an die deutsche Nation • **Fitzgerald** • Zärtlich ist die Nacht • **Flaubert** • Madame Bovary • **Gorch Fock** • Seefahrt ist not! • **Theodor Fontane** • Effi Briest • **Robert Musil** • Über die Dummheit • **Edgar Wallace** • Der Frosch mit der Maske • **Jakob Wassermann** • Der Fall Maurizius • **Oscar Wilde** • Das Bildnis des Dorian Grey • **Émile Zola** • Germinal • **Stefan Zweig** • Schachnovelle • **Hugo von Hofmannsthal** • Der Tor und der Tod • **Anton Tschechow** • Ein Heiratsantrag • **Arthur Schnitzler** • Reigen • **Friedrich Schiller** • Kabale und Liebe • **Nicolo Machiavelli** • Der Fürst • **Gotthold E. Lessing** • Nathan der Weise • **Augustinus** • Die Bekenntnisse des heiligen Augustinus • **Marcus Aurelius** • Selbstbetrachtungen • **Charles Baudelaire** • Die Blumen des Bösen • **Harriett Stowe** • Onkel Toms Hütte • **Walter Benjamin** • Deutsche Menschen • **Hugo Bettauer** • Die Stadt ohne Juden • **Lewis Caroll** • *und viele mehr….*

Johann Wolfgang von Goethe

Iphigenie auf Tauris

Inhalt

PERSONEN

Iphigenie

Thoas, König der Taurier

Orest

Pylades

Arkas

Schauplatz: Hain vor Dianens Tempel.

Erster Aufzug

Erster Auftritt

Iphigenie:
Heraus in eure Schatten, rege Wipfel
Des alten, heil'gen, dichtbelaubten Haines,
Wie in der Göttin stilles Heiligtum,
Tret ich noch jetzt mit schauderndem Gefühl,
Als wenn ich sie zum erstenmal beträte,
Und es gewöhnt sich nicht mein Geist hierher.
So manches Jahr bewahrt mich hier verborgen
Ein hoher Wille, dem ich mich ergebe;
Doch immer bin ich, wie im ersten, fremd.
Denn ach! mich trennt das Meer von den Geliebten,
Und an dem Ufer steh ich lange Tage,
Das Land der Griechen mit der Seele suchend;
Und gegen meine Seufzer bringt die Welle
Nur dumpfe Töne brausend mir herüber.
Weh dem, der fern von Eltern und Geschwistern
Ein einsam Leben führt! Ihm zehrt der Gram
Das nächste Glück vor seinen Lippen weg,
Ihm schwärmen abwärts immer die Gedanken
Nach seines Vaters Hallen, wo die Sonne
Zuerst den Himmel vor ihm aufschloß, wo
Sich Mitgeborne spielend fest und fester
Mit sanften Banden aneinanderknüpften.
Ich rechte mit den Göttern nicht; allein
Der Frauen Zustand ist beklagenswert.
Zu Haus und in dem Kriege herrscht der Mann,

Und in der Fremde weiß er sich zu helfen.
Ihn freuet der Besitz; ihn krönt der Sieg!
Ein ehrenvoller Tod ist ihm bereitet.
Wie eng-gebunden ist des Weibes Glück!
Schon einem rauhen Gatten zu gehorchen
Ist Pflicht und Trost; wie elend, wenn sie gar
Ein feindlich Schicksal in die Ferne treibt!
So hält mich Thoas hier, ein edler Mann,
In ernsten, heil'gen Sklavenbanden fest.
O wie beschämt gesteh ich, daß ich dir
Mit stillem Widerwillen diene, Göttin,
Dir, meiner Retterin! Mein Leben sollte
Zu freiem Dienste dir gewidmet sein.
Auch hab ich stets auf dich gehofft und hoffe
Noch jetzt auf dich, Diana, die du mich,
Des größten Königes verstoßne Tochter,
In deinen heil'gen, sanften Arm genommen.
Ja, Tochter Zeus', wenn du den hohen Mann,
Den du, die Tochter fordernd, ängstigtest,
Wenn du den göttergleichen Agamemnon,
Der dir sein Liebstes zum Altare brachte,
Von Trojas umgewandten Mauern rühmlich
Nach seinem Vaterland zurückbegleitet,
Die Gattin ihm, Elektren und den Sohn,
Die schonen Schätze, wohl erhalten hast:
So gib auch mich den Meinen endlich wieder,
Und rette mich, die du vom Tod errettet,
Auch von dem Leben hier, dem zweiten Tode!

Zweiter Auftritt

Iphigenie. Arkas.

Arkas:
Der König sendet mich hierher und beut
Der Priesterin Dianens Gruß und Heil!
Dies ist der Tag, da Tauris seiner Göttin
Für wunderbare neue Siege dankt.
Ich eile vor dem König und dem Heer,
Zu melden, daß er kommt und daß es naht.

Iphigenie:
Wir sind bereit, sie würdig zu empfangen,
Und unsre Göttin sieht willkommnem Opfer
Von Thoas' Hand mit Gnadenblick entgegen.

Arkas:
O fänd ich auch den Blick der Priesterin,
Der werten, vielgeehrten, deinen Blick,
O heil'ge Jungfrau, heller, leuchtender,
Uns allen gutes Zeichen! Noch bedeckt
Der Gram geheimnisvoll dein Innerstes;
Vergebens harren wir schon jahrelang
Auf ein vertraulich Wort aus deiner Brust.
Solang ich dich an dieser Stätte kenne,
Ist dies der Blick, vor dem ich immer schaudre;
Und wie mit Eisenbanden bleibt die Seele
Ins Innerste des Busens dir geschmiedet.

Iphigenie:
Wie's der Vertriebnen, der Verwaisten ziemt.

Arkas:
Scheinst du dir hier vertrieben und verwaist?

Iphigenie:
Kann uns zum Vaterland die Fremde werden?

Arkas:
Und dir ist fremd das Vaterland geworden.

Iphigenie:
Das ist's, warum mein blutend Herz nicht heilt
In erster Jugend, da sich kaum die Seele
An Vater, Mutter und Geschwister band,
Die neuen Schößlinge, gesellt und lieblich,
Vom Fuß der alten Stämme himmelwärts
Zu dringen strebten: leider faßte da
Ein fremder Fluch mich an und trennte mich
Von den Geliebten, riß das schöne Band
Mit ehrner Faust entzwei. Sie war dahin,
Der Jugend beste Freude, das Gedeihn
Der ersten Jahre. Selbst gerettet, war
Ich nur ein Schatten mir, und frische Lust
Des Lebens blüht in mir nicht wieder auf.

Arkas:
Wenn du dich so unglücklich nennen willst,
So darf ich dich auch wohl undankbar nennen.

Iphigenie:
Dank habt ihr stets.

Arkas:
Doch nicht den reinen Dank,
Um dessentwillen man die Wohltat tut;
Den frohen Blick, der ein zufriednes Leben

Und ein geneigtes Herz dem Wirte zeigt.
Als dich ein tief geheimnisvolles Schicksal
Vor so viel Jahren diesem Tempel brachte,
Kam Thoas, dir als einer Gottgegebnen
Mit Ehrfurcht und mit Neigung zu begegnen,
Und dieses Ufer ward dir hold und freundlich,
Das jedem Fremden sonst voll Grausens war,
Weil niemand unser Reich vor dir betrat,
Der an Dianens heil'gen Stufen nicht
Nach altem Brauch, ein blutig Opfer, fiel.

Iphigenie:

Frei atmen macht das Leben nicht allein.
Welch Leben ist's, das an der heil'gen Stätte
Gleich einem Schatten um sein eigen Grab
Ich nur vertrauern muß? Und nenn ich das
Ein fröhlich selbstbewußtes Leben, wenn
Uns jeder Tag, vergebens hingeträumt,
Zu jenen grauen Tagen vorbereitet,
Die an dem Ufer Lethes selbstvergessend
Die Trauerschar der Abgeschiednen feiert?
Ein unnütz Leben ist ein früher Tod;
Dies Frauenschicksal ist vor allen meins.

Arkas:

Den edlen Stolz, daß du dir selbst nicht gnügest,
Verzeih ich dir, sosehr ich dich bedaure:
Er raubet den Genuß des Lebens dir.
Du hast hier nichts getan seit deiner Ankunft?
Wer hat des Königs trüben Sinn erheitert?
Wer hat den alten grausamen Gebrauch,
Daß am Altar Dianens jeder Fremde

Sein Leben blutend läßt, von Jahr zu Jahr
Mit sanfter Überredung aufgehalten
Und die Gefangnen vom gewissen Tod
Ins Vaterland so oft zurückgeschickt?
Hat nicht Diane, statt erzürnt zu sein,
Daß sie der blut'gen alten Opfer mangelt,
Dein sanft Gebet in reichem Maß erhört?
Umschwebt mit frohem Fluge nicht der Sieg
Das Heer? und eilt er nicht sogar voraus?
Und fühlt nicht jeglicher ein besser Los,
Seitdem der König, der uns weis' und tapfer
So lang geführet, nun sich auch der Milde
In deiner Gegenwart erfreut und uns
Des schweigenden Gehorsams Pflicht erleichtert?
Das nennst du unnütz, wenn von deinem Wesen
Auf Tausende herab ein Balsam träufelt?
Wenn du dem Volke, dem ein Gott dich brachte,
Des neuen Glückes ew'ge Quelle wirst
Und an dem unwirtbaren Todesufer
Dem Fremden Heil und Rückkehr zubereitest?

Iphigenie:

Das Wenige verschwindet leicht dem Blick,
Der vorwärts sieht, wie viel noch übrigbleibt.

Arkas:

Doch lobst du den, der, was er tut, nicht schätzt?

Iphigenie:

Man tadelt den, der seine Taten wägt.

Arkas:

Auch den, der wahren Wert zu stolz nicht achtet,

Wie den, der falschen Wert zu eitel hebt.
Glaub mir und hör auf eines Mannes Wort,
Der treu und redlich dir ergeben ist:
Wenn heut der König mit dir redet, so
Erleichtr ihm, was er dir zu sagen denkt.

Iphigenie:
Du ängstest mich mit jedem guten Worte;
Oft wich ich seinem Antrag mühsam aus.

Arkas:
Bedenke, was du tust und was dir nützt.
Seitdem der König seinen Sohn verloren,
Vertraut er wenigen der Seinen mehr,
Und diesen wenigen nicht mehr wie sonst.
Mißgünstig sieht er jedes Edlen Sohn
Als seines Reiches Folger an, er fürchtet
Ein einsam hülflos Alter, ja vielleicht
Verwegnen Aufstand und frühzeit'gen Tod.
Der Skythe setzt ins Reden keinen Vorzug,
Am wenigsten der König. Er, der nur
Gewohnt ist, zu befehlen und zu tun,
Kennt nicht die Kunst, von weitem ein Gespräch
Nach seiner Absicht langsam fein zu lenken.
Erschwer's ihm nicht durch ein rückhaltend Weigern,
Durch ein vorsätzlich Mißverstehen. Geh
Gefällig ihm den halben Weg entgegen.

Iphigenie:
Soll ich beschleunigen, was mich bedroht?

Arkas:
Willst du sein Werben eine Drohung nennen?

Iphigenie:
Es ist die schrecklichste von allen mir.

Arkas:
Gib ihm für seine Neigung nur Vertraun.

Iphigenie:
Wenn er von Furcht erst meine Seele löst.

Arkas:
Warum verschweigst du deine Herkunft ihm?

Iphigenie:
Weil einer Priesterin Geheimnis ziemt.

Arkas:
Dem König sollte nichts Geheimnis sein;
Und ob er's gleich nicht fordert, fühlt er's doch
Und fühlt es tief in seiner großen Seele,
Daß du sorgfältig dich vor ihm verwahrst.

Iphigenie:
Nährt er Verdruß und Unmut gegen mich?

Arkas:
So scheint es fast. Zwar schweigt er auch von dir;
Doch haben hingeworfne Worte mich
Belehrt, daß seine Seele fest den Wunsch
Ergriffen hat, dich zu besitzen. Laß,
O überlaß ihn nicht sich selbst! damit
In seinem Busen nicht der Unmut reife
Und dir Entsetzen bringe, du zu spät
An meinen treuen Rat mit Reue denkest.

Iphigenie:
Wie? Sinnt der König, was kein edler Mann,

Der seinen Namen liebt und dem Verehrung
Der Himmlischen den Busen bändiget,
Je denken sollte? Sinnt er, vom Altar
Mich in sein Bette mit Gewalt zu ziehn?
So ruf ich alle Götter und vor allen
Dianen, die entschloßne Göttin, an,
Die ihren Schutz der Priesterin gewiß
Und Jungfrau einer Jungfrau gern gewährt.

Arkas:
Sei ruhig! Ein gewaltsam neues Blut
Treibt nicht den König, solche Jünglingstat
Verwegen auszuüben. Wie er sinnt,
Befürcht ich andern harten Schluß von ihm,
Den unaufhaltbar er vollenden wird:
Denn seine Seel ist fest und unbeweglich.
Drum bitt ich dich, vertrau ihm, sei ihm dankbar,
Wenn du ihm weiter nichts gewähren kannst.

Iphigenie:
O sage, was dir weiter noch bekannt ist!

Arkas:
Erfahr's von ihm. Ich seh den König kommen;
Du ehrst ihn, und dich heißt dein eigen Herz,
Ihm freundlich und vertraulich zu begegnen.
Ein edler Mann wird durch ein gutes Wort
Der Frauen weit geführt.

Iphigenie *allein*:
Zwar seh ich nicht,
Wie ich dem Rat des Treuen folgen soll;
Doch folg ich gern der Pflicht, dem Könige

Für seine Wohltat gutes Wort zu geben,
Und wünsche mir, daß ich dem Mächtigen,
Was ihm gefällt, mit Wahrheit sagen möge.

Dritter Auftritt

Iphigenie. Thoas.

Iphigenie:
Mit königlichen Gütern segne dich
Die Göttin! Sie gewähre Sieg und Ruhm
Und Reichtum und das Wohl der Deinigen
Und jedes frommen Wunsches Fülle dir!
Daß, der du über viele sorgend herrschest,
Du auch vor vielen seltnes Glück genießest.

Thoas:
Zufrieden wär ich, wenn mein Volk mich rühmte:
Was ich erwarb, genießen andre mehr
Als ich. Der ist am glücklichsten, er sei
Ein König oder ein Geringer, dem
In seinem Hause Wohl bereitet ist.
Du nahmest teil an meinen tiefen Schmerzen,
Als mir das Schwert der Feinde meinen Sohn,
Den letzten, besten, von der Seite riß.
Solang die Rache meinen Geist besaß,
Empfand ich nicht die Öde meiner Wohnung;
Doch jetzt, da ich befriedigt wiederkehre,
Ihr Reich zerstört, mein Sohn gerochen ist,

Bleibt mir zu Hause nichts, das mich ergetze.
Der fröhliche Gehorsam, den ich sonst
Aus einem jeden Auge blicken sah,
Ist nun von Sorg' und Unmut still gedämpft.
Ein jeder sinnt, was künftig werden wird,
Und folgt dem Kinderlosen, weil er muß.
Nun komm ich heut in diesen Tempel, den
Ich oft betrat, um Sieg zu bitten und
Für Sieg zu danken. Einen alten Wunsch
Trag ich im Busen, der auch dir nicht fremd
Noch unerwartet ist: ich hoffe, dich
Zum Segen meines Volks und mir zum Segen
Als Braut in meine Wohnung einzuführen.

Iphigenie:
Der Unbekannten bietest du zu viel,
O König, an. Es steht die Flüchtige
Beschämt vor dir, die nichts an diesem Ufer
Als Schutz und Ruhe sucht, die du ihr gabst.

Thoas:
Daß du in das Geheimnis deiner Ankunft
Vor mir wie vor dem Letzten stets dich hüllest,
Wär unter keinem Volke recht und gut.
Dies Ufer schreckt die Fremden: das Gesetz
Gebietet's und die Not. Allein von dir,
Die jedes frommen Rechts genießt, ein wohl
Von uns empfangner Gast, nach eignem Sinn
Und Willen ihres Tages sich erfreut,
Von dir hofft ich Vertrauen, das der Wirt
Für seine Treue wohl erwarten darf.

Iphigenie:

Verbarg ich meiner Eltern Namen und
Mein Haus, o König, war's Verlegenheit,
Nicht Mißtraun. Denn vielleicht, ach wüßtest du,
Wer vor dir steht und welch verwünschtes Haupt
Du nährst und schützest: ein Entsetzen faßte
Dein großes Herz mit seltnem Schauer an,
Und statt die Seite deines Thrones mir
Zu bieten, triebest du mich vor der Zeit
Aus deinem Reiche; stießest mich vielleicht,
Eh zu den Meinen frohe Rückkehr mir
Und meiner Wandrung Ende zugedacht ist,
Dem Elend zu, das jeden Schweifenden,
Von seinem Haus Vertriebnen überall
Mit kalter, fremder Schreckenshand erwartet.

Thoas:

Was auch der Rat der Götter mit dir sei
Und was sie deinem Haus und dir gedenken,
So fehlt es doch, seitdem du bei uns wohnst
Und eines frommen Gastes Recht genießest,
An Segen nicht, der mir von oben kommt.
Ich möchte schwer zu überreden sein,
Daß ich an dir ein schuldvoll Haupt beschütze.

Iphigenie:

Dir bringt die Wohltat Segen, nicht der Gast.

Thoas:

Was man Verruchten tut, wird nicht gesegnet.
Drum endige dein Schweigen und dein Weigern;
Es fordert dies kein ungerechter Mann.
Die Göttin übergab dich meinen Händen;

Wie du ihr heilig warst, so warst du's mir.
Auch sei ihr Wink noch künftig mein Gesetz:
Wenn du nach Hause Rückkehr hoffen kannst,
So sprech ich dich von aller Fordrung los.
Doch ist der Weg auf ewig dir versperrt
Und ist dein Stamm vertrieben oder durch
Ein ungeheures Unheil ausgelöscht,
So bist du mein durch mehr als ein Gesetz.
Sprich offen! und du weißt, ich halte Wort.

Iphigenie:

Vom alten Bande löset ungern sich
Die Zunge los, ein langverschwiegenes
Geheimnis endlich zu entdecken. Denn
Einmal vertraut, verläßt es ohne Rückkehr
Des tiefen Herzens sichre Wohnung, schadet,
Wie es die Götter wollen, oder nützt.
Vernimm! Ich bin aus Tantalus' Geschlecht.

Thoas:

Du sprichst ein großes Wort gelassen aus.
Nennst du den deinen Ahnherrn, den die Welt
Als einen ehmals Hochbegnadigten
Der Götter kennt? Ist's jener Tantalus,
Den Jupiter zu Rat und Tafel zog,
An dessen alterfahrnen, vielen Sinn
Verknüpfenden Gesprächen Götter selbst,
Wie an Orakelsprüchen, sich ergötzten?

Iphigenie:

Et ist es; aber Götter sollten nicht
Mit Menschen wie mit ihresgleichen wandeln:
Das sterbliche Geschlecht ist viel zu schwach,

In ungewohnter Höhe nicht zu schwindeln.
Unedel war er nicht und kein Verräter,
Allein zum Knecht zu groß, und zum Gesellen
Des großen Donnrers nur ein Mensch. So war
Auch sein Vergehen menschlich; ihr Gericht
War streng, und Dichter singen: Übermut
Und Untreu stürzten ihn von Jovis Tisch
Zur Schmach des alten Tartarus hinab.
Ach, und sein ganz Geschlecht trug ihren Haß!

Thoas:
Trug es die Schuld des Ahnherrn oder eigne?

Iphigenie:
Zwar die gewalt'ge Brust und der Titanen
Kraftvolles Mark war seiner Söhn' und Enkel
Gewisses Erbteil; doch es schmiedete
Der Gott um ihre Stirn ein ehern Band.
Rat, Mäßigung und Weisheit und Geduld
Verbarg er ihrem scheuen, düstern Blick;
Zur Wut ward ihnen jegliche Begier,
Und grenzenlos drang ihre Wut umher.
Schon Pelops, der Gewaltig-Wollende,
Des Tantalus geliebter Sohn, erwarb
Sich durch Verrat und Mord das schönste Weib,
Önomaus' Erzeugte, Hippodamien.
Sie bringt den Wünschen des Gemahls zwei Söhne,
Thyest und Atreus. Neidisch sehen sie
Des Vaters Liebe zu dem ersten Sohn,
Aus einem andern Bette wachsend, an.
Der Haß verbindet sie, und heimlich wagt
Das Paar im Brudermord die erste Tat.

Der Vater wähnet Hippodamien
Die Mörderin, und grimmig fordert er
Von ihr den Sohn zurück, und sie entleibt
Sich selbst –

Thoas:
Du schweigest? Fahre fort zu reden!
Laß dein Vertraun dich nicht gereuen! Sprich!

Iphigenie:
Wohl dem, der seiner Väter gern gedenkt,
Der froh von ihren Taten, ihrer Größe
Den Hörer unterhält und still sich freuend
Ans Ende dieser schönen Reihe sich
Geschlossen sieht! Denn es erzeugt nicht gleich
Ein Haus den Halbgott noch das Ungeheuer;
Erst eine Reihe Böser oder Guter
Bringt endlich das Entsetzen, bringt die Freude
Der Welt hervor. – Nach ihres Vaters Tode
Gebieten Atreus und Thyest der Stadt,
Gemeinsam herrschend. Lange konnte nicht
Die Eintracht dauern. Bald entehrt Thyest
Des Bruders Bette. Rächend treibet Atreus
Ihn aus dem Reiche. Tückisch hatte schon
Thyest, auf schwere Taten sinnend, lange
Dem Bruder einen Sohn entwandt und heimlich
Ihn als den seinen schmeichelnd auferzogen.
Dem füllet er die Brust mit Wut und Rache
Und sendet ihn zur Königsstadt, daß er
Im Oheim seinen eignen Vater morde.
Des Jünglings Vorsatz wird entdeckt: der König
Straft grausam den gesandten Mörder, wähnend,

Er töte seines Bruders Sohn. Zu spät
Erfährt er, wer vor seinen trunknen Augen
Gemartert stirbt; und die Begier der Rache
Aus seiner Brust zu tilgen, sinnt er still
Auf unerhörte Tat. Er scheint gelassen,
Gleichgültig und versöhnt und lockt den Bruder
Mit seinen beiden Söhnen in das Reich
Zurück, ergreift die Knaben, schlachtet sie
Und setzt die ekle, schaudervolle Speise
Dem Vater bei dem ersten Mahle vor.
Und da Thyest an seinem Fleische sich
Gesättigt, eine Wehmut ihn ergreift,
Er nach den Kindern fragt, den Tritt, die Stimme
Der Knaben an des Saales Türe schon
Zu hören glaubt, wirft Atreus grinsend
Ihm Haupt und Füße der Erschlagnen hin. –
Du wendest schaudernd dein Gesicht, o König:
So wendete die Sonn ihr Antlitz weg
Und ihren Wagen aus dem ew'gen Gleise.
Dies sind die Ahnherrn deiner Priesterin;
Und viel unseliges Geschick der Männer,
Viel Taten des verworrnen Sinnes deckt
Die Nacht mit schweren Fittichen und läßt
Uns nur in grauenvolle Dämmrung sehn.

Thoas:

Verbirg sie schweigend auch. Es sei genug
Der Greuel! Sage nun, durch welch ein Wunder
Von diesem wilden Stamme du entsprangst.

Iphigenie:

Des Atreus ältster Sohn war Agamemnon:

Er ist mein Vater. Doch ich darf es sagen,
In ihm hab ich seit meiner ersten Zeit
Ein Muster des vollkommnen Manns gesehn.
Ihm brachte Klytämnestra mich, den Erstling
Der Liebe, dann Elektren. Ruhig herrschte
Der König, und es war dem Hause Tantals
Die lang entbehrte Rast gewährt. Allein
Es mangelte dem Glück der Eltern noch
Ein Sohn, und kaum war dieser Wunsch erfüllt,
Daß zwischen beiden Schwestern nun Orest,
Der Liebling, wuchs, als neues Übel schon
Dem sichern Hause zubereitet war.
Der Ruf des Krieges ist zu euch gekommen,
Der, um den Raub der schönsten Frau zu rächen,
Die ganze Macht der Fürsten Griechenlands
Um Trojens Mauern lagerte. Ob sie
Die Stadt gewonnen, ihrer Rache Ziel
Erreicht, vernahm ich nicht. Mein Vater führte
Der Griechen Heer. In Aulis harrten sie
Auf günst'gen Wind vergebens: denn Diane,
Erzürnt auf ihren großen Führer, hielt
Die Eilenden zurück und forderte
Durch Kalchas' Mund des Königs ältste Tochter.
Sie lockten mit der Mutter mich ins Lager;
Sie rissen mich vor den Altar und weihten
Der Göttin dieses Haupt. – Sie war versöhnt:
Sie wollte nicht mein Blut und hüllte rettend
In eine Wolke mich; in diesem Tempel
Erkannt ich mich zuerst vom Tode wieder.
Ich bin es selbst, bin Iphigenie,

Des Atreus Enkel, Agamemnons Tochter,
Des Göttin Eigentum, die mit dir spricht.

Thoas:

Mehr Vorzug und Vertrauen geb ich nicht
Der Königstochter als der Unbekannten.
Ich wiederhole meinen ersten Antrag:
Komm, folge mir und teile, was ich habe.

Iphigenie:

Wie darf ich solchen Schritt, o König, wagen?
Hat nicht die Göttin, die mich rettete,
Allein das Recht auf mein geweihtes Leben?
Sie hat für mich den Schutzort ausgesucht,
Und sie bewahrt mich einem Vater, den
Sie durch den Schein genug gestraft, vielleicht
Zur schönsten Freude seines Alters hier.
Vielleicht ist mir die frohe Rückkehr nah;
Und ich, auf ihren Weg nicht achtend, hätte
Mich wider ihren Willen hier gefesselt?
Ein Zeichen bat ich, wenn ich bleiben sollte.

Thoas:

Das Zeichen ist, daß du noch hier verweilst.
Such Ausflucht solcher Art nicht ängstlich auf.
Man spricht vergebens viel, um zu versagen;
Der andre hört von allem nur das Nein.

Iphigenie:

Nicht Worte sind es, die nur blenden sollen;
Ich habe dir mein tiefstes Herz entdeckt.
Und sagst du dir nicht selbst, wie ich dem Vater,
Der Mutter, den Geschwistern mich entgegen

Mit ängstlichen Gefühlen sehnen muß?
Daß in den alten Hallen, wo die Trauer
Noch manchmal stille meinen Namen lispelt,
Die Freude, wie um eine Neugeborne,
Den schönsten Kranz von Säul' an Säulen schlinge!
O sendetest du mich auf Schiffen hin!
Du gäbest mir und allen neues Leben.

Thoas:
So kehr zurück! Tu, was dein Herz dich heißt,
Und höre nicht die Stimme guten Rats
Und der Vernunft. Sei ganz ein Weib und gib
Dich hin dem Triebe, der dich zügellos
Ergreift und dahin oder dorthin reißt.
Wenn ihnen eine Lust im Busen brennt,
Hält vom Verräter sie kein heilig Band,
Der sie dem Vater oder dem Gemahl
Aus langbewährten, treuen Armen lockt;
Und schweigt in ihrer Brust die rasche Glut,
So dringt auf sie vergebens treu und mächtig
Der Überredung goldne Zunge los.

Iphigenie:
Gedenk, o König, deines edeln Wortes!
Willst du mein Zutraum so erwidern? Du
Schienst vorbereitet, alles zu vernehmen.

Thoas:
Aufs Ungehoffte war ich nicht bereitet;
Doch sollt ich's auch erwarten: wußt ich nicht,
Daß ich mit einem Weibe handeln ging?

Iphigenie:
Schilt nicht, o König, unser arm Geschlecht.
Nicht herrlich wie die euern, aber nicht
Unedel sind die Waffen eines Weibes.
Glaub es, darin bin ich dir vorzuziehn,
Daß ich dein Glück mehr als du selber kenne.
Du wähnest, unbekannt mit dir und mir,
Ein näher Band werd uns zum Glück vereinen.
Voll guten Mutes wie voll guten Willens
Dringst du in mich, daß ich mich fügen soll;
Und hier dank ich den Göttern, daß sie mir
Die Festigkeit gegeben, dieses Bündnis
Nicht einzugehen, das sie nicht gebilligt.

Thoas:
Es spricht kein Gott; es spricht dein eignes Herz.

Iphigenie:
Sie reden nur durch unser Herz zu uns.

Thoas:
Und hab ich, sie zu hören, nicht das Recht?

Iphigenie:
Es überbraust der Sturm die zarte Stimme.

Thoas:
Die Priesterin vernimmt sie wohl allein?

Iphigenie:
Vor allen andern merke sie der Fürst.

Thoas:
Dein heilig Amt und dein geerbtes Recht

An Jovis Tisch bringt dich den Göttern näher
Als einen erdgeborenen Wilden.

Iphigenie:

So Büß ich nun das Vertraun, das du erzwangst.

Thoas:

Ich bin ein Mensch; und besser ist's, wir enden.
So bleibe denn mein Wort: Sei Priesterin
Der Göttin, wie sie dich erkoren hat;
Doch mir verzeih Diane, daß ich ihr
Bisher mit Unrecht und mit innerm Vorwurf
Die alten Opfer vorenthalten habe.
Kein Fremder nahet glücklich unserm Ufer:
Von alters her ist ihm der Tod gewiß.
Nur du hast mich mit einer Freundlichkeit,
In der ich bald der zarten Tochter Liebe,
Bald stille Neigung einer Braut zu sehn
Mich tief erfreute, wie mit Zauberbanden
Gefesselt, daß ich meiner Pflicht vergaß.
Du hattest mir die Sinnen eingewiegt,
Das Murren meines Volks vernahm ich nicht;
Nun rufen sie die Schuld von meines Sohnes
Frühzeit'gem Tode lauter über mich.
Um deinetwillen halt ich länger nicht
Die Menge, die das Opfer dringend fordert.

Iphigenie:

Um meinetwillen hab ich's nie begehrt.
Der mißversteht die Himmlischen, der sie
Blutgierig wähnt; er dichtet ihnen nur
Die eignen grausamen Begierden an.

Entzog die Göttin mich nicht selbst dem Priester?
Ihr war mein Dienst willkommner als mein Tod.

Thoas:
Es ziemt sich nicht für uns, den heiligen
Gebrauch mit leicht beweglicher Vernunft
Nach unserm Sinn zu deuten und zu lenken.
Tu deine Pflicht, ich werde meine tun.
Zwei Fremde, die wir in des Ufers Höhlen
Versteckt gefunden und die meinem Lande
Nichts Gutes bringen, sind in meiner Hand.
Mit diesen nehme deine Göttin wieder
Ihr erstes, rechtes, lang entbehrtes Opfer!
Ich sende sie hierher; du weißt den Dienst.

Vierter Auftritt

Iphigenie: *allein*
Du hast Wolken, gnädige Retterin,
Einzuhüllen unschuldig Verfolgte
Und auf Winden dem ehrnen Geschick sie
Aus den Armen, über das Meer,
Über der Erde weiteste Strecken,
Und wohin es dir gut dünkt, zu tragen.
Weise bist du und siehest das Künftige;
Nicht vorüber ist dir das Vergangne,
Und dein Blick ruht über den Deinen,
Wie dein Licht, das Leben der Nächte,
Über der Erde ruhet und waltet.
O enthalte vom Blut meine Hände!
Nimmer bringt es Segen und Ruhe;

Und die Gestalt des zufällig Ermordeten
Wird auf des traurig-unwilligen Mörders
Böse Stunden lauern und schrecken.
Denn die Unsterblichen lieben der Menschen
Weit verbreitete gute Geschlechter,
Und sie fristen das flüchtige Leben
Gerne dem Sterblichen, wollen ihm gerne
Ihres eigenen, ewigen Himmels
Mitgenießendes fröhliches Anschaun
Eine Weile gönnen und lassen.

Zweiter Aufzug

Erster Auftritt

Orest. Pylades.

Orest:
Es ist der Weg des Todes, den wir treten:
Mit jedem Schritt wird meine Seele stiller.
Als ich Apollen bat, das gräßliche
Geleit der Rachegeister von der Seite
Mir abzunehmen; schien er Hülf und Rettung
Im Tempel seiner vielgeliebten Schwester,
Die über Tauris herrscht, mit hoffnungsreichen,
Gewissen Götterworten zu versprechen;
Und nun erfüllet sich's, daß alle Not
Mit meinem Leben völlig enden soll.
Wie leicht wird's mir, dem eine Götterhand

Das Herz zusammendrückt, den Sinn betäubt,
Dem schönen Licht der Sonne zu entsagen.
Und sollen Atreus' Enkel in der Schlacht
Ein siegbekröntes Ende nicht gewinnen,
Soll ich wie meine Ahnen, wie mein Vater
Als Opfertier im Jammertode bluten:
So sei es! Besser hier vor dem Altar
Als im verworfnen Winkel, wo die Netze
Der nahverwandte Meuchelmörder stellt.
Laßt mir so lange Ruh, ihr Unterird'schen,
Die nach dem Blut ihr, das von meinen Tritten
Herniederträufelnd meinen Pfad bezeichnet,
Wie losgelaßne Hunde spürend hetzt!
Laßt mich, ich komme bald zu euch hinab;
Das Licht des Tags soll euch nicht sehn noch mich.
Der Erde schöner grüner Teppich soll
Kein Tummelplatz für Larven sein. Dort unten
Such ich euch auf: dort bindet alle dann
Ein gleich Geschick in ew'ge matte Nacht.
Nur dich, mein Pylades, dich, meiner Schuld
Und meines Banns unschuldigen Genossen,
Wie ungern nehm ich dich in jenes Trauerland
Frühzeitig mit! Dein Leben oder Tod
Gibt mir allein noch Hoffnung oder Furcht.

Pylades:

Ich bin noch nicht, Orest, wie du bereit,
In jenes Schattenreich hinabzugehn.
Ich sinne noch, durch die verworrnen Pfade,
Die nach der schwarzen Nacht zu führen scheinen,
Uns zu dem Leben wieder aufzuwinden.
Ich denke nicht den Tod; ich sinn und horche,

Ob nicht zu irgendeiner frohen Flucht
Die Götter Rat und Wege zubereiten.
Der Tod, gefürchtet oder ungefürchtet,
Kommt unaufhaltsam. Wenn die Priesterin
Schon, unsre Locken weihend abzuschneiden,
Die Hand erhebt, soll dein' und meine Rettung
Mein einziger Gedanke sein. Erhebe
Von diesem Unmut deine Seele; zweifelnd
Beschleunigest du die Gefahr. Apoll
Gab uns das Wort: im Heiligtum der Schwester
Sei Trost und Hülf und Rückkehr dir bereitet.
Der Götter Worte sind nicht doppelsinnig,
Wie der Gedrückte sie im Unmut wähnt.

Orest:
Des Lebens dunkle Decke breitete
Die Mutter schon mir um das zarte Haupt,
Und so wuchs ich herauf, ein Ebenbild
Des Vaters, und es war mein stummer Blick
Ein bittrer Vorwurf ihr und ihrem Buhlen.
Wie oft, wenn still Elektra, meine Schwester,
Am Feuer in der tiefen Halle saß,
Drängt ich beklommen mich an ihren Schoß
Und starrte, wie sie bitter weinte, sie
Mit großen Augen an. Dann sagte sie
Von unserm hohen Vater viel: wie sehr
Verlangt ich, ihn zu sehn, bei ihm zu sein!
Mich wünscht ich bald nach Troja, ihn bald her.
Es kam der Tag –

Pylades:
O laß von jener Stunde

Sich Höllengeister nächtlich unterhalten!
Uns gebe die Erinnrung schöner Zeit
Zu frischem Heldenlaufe neue Kraft.
Die Götter brauchen manchen guten Mann
Zu ihrem Dienst auf dieser weiten Erde.
Sie haben noch auf dich gezählt; sie gaben
Dich nicht dem Vater zum Geleite mit,
Da er unwillig nach dem Orkus ging.

Orest:

O wär ich, seinen Saum ergreifend, ihm
Gefolgt!

Pylades:

So haben die, die dich erhielten,
Für mich gesorgt: denn was ich worden wäre,
Wenn du nicht lebtest, kann ich mir nicht denken,
Da ich mit dir und deinetwillen nur
Seit meiner Kindheit leb und leben mag.

Orest:

Erinnre mich nicht jener schönen Tage,
Da mir dein Haus die freie Stätte gab,
Dein edler Vater klug und liebevoll
Die halberstarrte junge Blüte pflegte;
Da du, ein immer munterer Geselle,
Gleich einem leichten bunten Schmetterling
Um eine dunkle Blume, jeden Tag
Um mich mit neuem Leben gaukeltest,
Mir deine Lust in meine Seele spieltest,
Daß ich, vergessend meiner Not, mit dir
In rascher Jugend hingerissen schwärmte.

Pylades:
Da fing mein Leben an, als ich dich liebte.

Orest:
Sag: Meine Not begann, und du sprichst wahr.
Das ist das Ängstliche von meinem Schicksal,
Daß ich wie ein verpesteter Vertriebner
Geheimen Schmerz und Tod im Busen trage;
Daß, wo ich den gesundsten Ort betrete,
Gar bald um mich die blühenden Gesichter
Den Schmerzenszug langsamen Tods verraten.

Pylades:
Der Nächste wär ich, diesen Tod zu sterben,
Wenn je dein Hauch, Orest, vergiftete.
Bin ich nicht immer noch voll Mut und Lust?
Und Lust und Liebe sind die Fittiche
Zu großen Taten.

Orest:
Große Taten? Ja,
Ich weiß die Zeit, da wir sie vor uns sahn!
Wenn wir zusammen oft dem Wilde nach
Durch Berg' und Täler rannten und dereinst,
An Brust und Faust dem hohen Ahnherrn gleich,
Mit Keul und Schwert dem Ungeheuer so,
Dem Räuber auf der Spur zu jagen hofften;
Und dann wir abends an der weiten See
Uns aneinanderlehnend ruhig saßen,
Die Wellen bis zu unsern Füßen spielten,
Die Welt so weit, so offen vor uns lag:
Da fuhr wohl einer manchmal nach dem Schwert,

Und künft'ge Taten drangen wie die Sterne
Rings um uns her unzählig aus der Nacht.

Pylades:
Unendlich ist das Werk, das zu vollführen
Die Seele dringt. Wir möchten jede Tat
So groß gleich tun, als wie sie wächst und wird,
Wenn jahrelang durch Länder und Geschlechter
Der Mund der Dichter sie vermehrend wälzt.
Es klingt so schön, was unsre Väter taten,
Wenn es, in stillen Abendschatten ruhend,
Der Jüngling mit dem Ton der Harfe schlürft;
Und was wir tun, ist, wie es ihnen war,
Voll Müh und eitel Stückwerk!
So laufen wir nach dem, was vor uns flieht,
Und achten nicht des Weges, den wir treten,
Und sehen neben uns der Ahnherrn Tritte
Und ihres Erdelebens Spuren kaum.
Wir eilen immer ihrem Schatten nach,
Der göttergleich in einer weiten Ferne
Der Berge Haupt auf goldnen Wolken krönt.
Ich halte nichts von dem, der von sich denkt,
Wie ihn das Volk vielleicht erheben möchte.
Allein, o Jüngling, danke du den Göttern,
Daß sie so früh durch dich so viel getan.

Orest:
Wenn sie dem Menschen frohe Tat bescheren,
Daß er ein Unheil von den Seinen wendet,
Daß er sein Reich vermehrt, die Grenzen sichert
Und alte Feinde fallen oder fliehn:
Dann mag er danken! denn ihm hat ein Gott

Des Lebens erste, letzte Lust gegönnt.
Mich haben sie zum Schlächter auserkoren,
Zum Mörder meiner doch verehrten Mutter,
Und, eine Schandtat schändlich rächend, mich
Durch ihren Wink zugrund gerichtet. Glaube,
Sie haben es auf Tantals Haus gerichtet,
Und ich, der Letzte, soll nicht schuldlos, soll
Nicht ehrenvoll vergehn.

Pylades:
Die Götter rächen
Der Väter Missetat nicht an dem Sohn;
Ein jeglicher, gut oder böse, nimmt
Sich seinen Lohn mit seiner Tat hinweg.
Et erbt der Eltern Segen, nicht ihr Fluch.

Orest:
Uns führt ihr Segen, dünkt mich, nicht hierher.

Pylades:
Doch wenigstens der hohen Götter Wille.

Orest:
So ist's ihr Wille denn, der uns verderbt.

Pylades:
Tu, was sie dir gebieten, und erwarte!
Bringst du die Schwester zu Apollen hin
Und wohnen beide dann vereint zu Delphi,
Verehrt von einem Volk, das edel denkt,
So wird für diese Tat das hohe Paar
Dir gnädig sein, sie werden aus der Hand
Der Unterird'schen dich erretten. Schon
In diesen heil'gen Hain wagt keine sich.

Orest:
So hab ich wenigstens geruh'gen Tod.

Pylades:
Ganz anders denk ich, und nicht ungeschickt
Hab ich das schon Geschehne mit dem Künft'gen
Verbunden und im stillen ausgelegt.
Vielleicht reift in der Götter Rat schon lange
Das große Werk. Diana sehnet sich
Von diesem rauhen Ufer der Barbaren
Und ihren blut'gen Menschenopfern weg.
Wir waren zu der schönen Tat bestimmt,
Uns wird sie auferlegt, und seltsam sind
Wir an der Pforte schon gezwungen hier.

Orest:
Mit seltner Kunst flichtst du der Götter Rat
Und deine Wünsche klug in eins zusammen.

Pylades:
Was ist des Menschen Klugheit, wenn sie nicht
Auf jener Willen droben achtend lauscht?
Zu einer schweren Tat beruft ein Gott
Den edeln Mann, der viel verbrach, und legt
Ihm auf, was uns unmöglich scheint, zu enden.
Es siegt der Held, und büßend dienet er
Den Göttern und der Welt, die ihn verehrt.

Orest:
Bin ich bestimmt, zu leben und zu handeln,
So nehm ein Gott von meiner schweren Stirn
Den Schwindel weg, der auf dem schlüpfrigen,
Mit Mutterblut besprengten Pfade fort

Mich zu den Toten reißt. Er trockne gnädig
Die Quelle, die, mir aus der Mutter Wunden
Entgegensprudelnd, ewig mich befleckt.

Pylades:
Erwart es ruhiger! Du mehrst das Übel
Und nimmst das Amt der Furien auf dich.
Laß mich nur sinnen, bleibe still! Zuletzt,
Bedarf's zur Tat vereinter Kräfte, dann
Ruf ich dich auf, und beide schreiten wir
Mit überlegter Kühnheit zur Vollendung.

Orest:
Ich hör Ulyssen reden!

Pylades:
Spotte nicht!
Ein jeglicher muß seinen Helden wählen,
Dem er die Wege zum Olymp hinauf
Sich nacharbeitet. Laß es mich gestehn:
Mir scheinen List und Klugheit nicht den Mann
Zu schänden, der sich kühnen Taten weiht.

Orest:
Ich schätze den, der tapfer ist und grad.

Pylades:
Drum hab ich keinen Rat von dir verlangt.
Schon ist ein Schritt getan. Von unsern Wächtern
Hab ich bisher gar vieles ausgelockt.
Ich weiß, ein fremdes, göttergleiches Weib
Hält jenes blutige Gesetz gefesselt:
Ein reines Herz und Weihrauch und Gebet
Bringt sie den Göttern dar. Man rühmet hoch

Die Gütige; man glaubet, sie entspringe
Vom Stamm der Amazonen, sei geflohn,
Um einem großen Unheil zu entgehn.

Orest:
Es scheint, ihr lichtes Reich verlor die Kraft
Durch des Verbrechers Nähe, den der Fluch
Wie eine breite Nacht verfolgt und deckt.
Die fromme Blutgier löst den alten Brauch
Von seinen Fesseln los, uns zu verderben.
Der wilde Sinn des Königs tötet uns;
Ein Weib wird uns nicht retten, wenn er zürnt.

Pylades:
Wohl uns, daß es ein Weib ist! denn ein Mann,
Der beste selbst, gewöhnet seinen Geist
An Grausamkeit und macht sich auch zuletzt
Aus dem, was er verabscheut, ein Gesetz,
Wird aus Gewohnheit hart und fast unkenntlich.
Allein ein Weib bleibt stet auf einem Sinn,
Den sie gefaßt. Du rechnest sicherer
Auf sie im Guten wie im Bösen. – Still!
Sie kommt; laß uns allein. Ich darf nicht gleich
Ihr unsre Namen nennen, unser Schicksal
Nicht ohne Rückhalt ihr vertraun. Du gehst,
Und eh sie mit dir spricht, treff ich dich noch.

Zweiter Auftritt

Iphigenie. Pylades.

Iphigenie:
Woher du seist und kommst, o Fremdling, sprich!
Mir scheint es, daß ich eher einem Griechen
Als einem Skythen dich vergleichen soll.
Sie nimmt ihm die Ketten ab.
Gefährlich ist die Freiheit, die ich gebe;
Die Götter wenden ab, was euch bedroht!

Pylades:
O süße Stimme! Vielwillkommner Ton
Der Muttersprach in einem fremden Lande!
Des väterlichen Hafens blaue Berge
Seh ich Gefangner neu willkommen wieder
Vor meinen Augen. Laß dir diese Freude
Versichern, daß auch ich ein Grieche bin!
Vergessen hab ich einen Augenblick,
Wie sehr ich dein bedarf, und meinen Geist
Der herrlichen Erscheinung zugewendet.
O sage, wenn dir ein Verhängnis nicht
Die Lippe schließt, aus welchem unsrer Stämme
Du deine göttergleiche Herkunft zählst.

Iphigenie:
Die Priesterin, von ihrer Göttin selbst
Gewählet und geheiligt, spricht mit dir.
Das laß dir gnügen; sage, wer du seist
Und welch unselig waltendes Geschick
Mit dem Gefährten dich hierhergebracht.

Pylades:

Leicht kann ich dir erzählen, welch ein Übel
Mit lastender Gesellschaft uns verfolgt.
O könntest du der Hoffnung frohen Blick
Uns auch so leicht, du Göttliche, gewähren!
Aus Kreta sind wir, Söhne des Adrasts:
Ich bin der jüngste, Cephalus genannt,
Und er Laodamas, der älteste
Des Hauses. Zwischen uns stand rauh und wild
Ein mittlerer und trennte schon im Spiel
Der ersten Jugend Einigkeit und Lust.
Gelassen folgten wir der Mutter Worten,
Solang des Vaters Kraft vor Troja stritt;
Doch als er beutereich zurücke kam
Und kurz darauf verschied, da trennte bald
Der Streit um Reich und Erbe die Geschwister.
Ich neigte mich zum ältsten. Er erschlug
Den Bruder Um der Blutschuld willen treibt
Die Furie gewaltig ihn umher.
Doch diesem wilden Ufer sendet uns
Apoll, der Delphische, mit Hoffnung zu.
Im Tempel seiner Schwester hieß er uns
Der Hülfe segensvolle Hand erwarten.
Gefangen sind wir und hierhergebracht
Und dir als Opfer dargestellt. Du weißt's.

Iphigenie:

Fiel Troja? Teurer Mann, versichr es mir.

Pylades:

Es liegt. O sichre du uns Rettung zu!
Beschleunige die Hülfe, die ein Gott

Versprach. Erbarme meines Bruders dich.
O sag ihm bald ein gutes, holdes Wort;
Doch schone seiner, wenn du mit ihm sprichst,
Das bitt ich eifrig: denn es wird gar leicht
Durch Freud und Schmerz und durch Erinnerung
Sein Innerstes ergriffen und zerrüttet.
Ein fieberhafter Wahnsinn fällt ihn an,
Und seine schöne freie Seele wird
Den Furien zum Raube hingegeben.

Iphigenie:
So groß dein Unglück ist, beschwör ich dich:
Vergiß es, bis du mir genuggetan.

Pylades:
Die hohe Stadt, die zehen lange Jahre
Dem ganzen Heer der Griechen widerstand,
Liegt nun im Schutte, steigt nicht wieder auf.
Doch manche Gräber unsrer Besten heißen
Uns an das Ufer der Barbaren denken.
Achill liegt dort mit seinem schönen Freunde.

Iphigenie:
So seid ihr Götterbilder auch zu Staub!

Pylades:
Auch Palamedes, Ajax Telamons,
Sie sahn des Vaterlandes Tag nicht wieder.

Iphigenie:
Er schweigt von meinem Vater, nennt ihn nicht
Mit den Erschlagnen. Ja! er lebt mir noch!
Ich werd ihn sehn. O hoffe, liebes Herz!

Pylades:

Doch selig sind die Tausende, die starben
Den bittersüßen Tod von Feindes Hand!
Denn wüste Schrecken und ein traurig Ende
Hat den Rückkehrenden statt des Triumphs
Ein feindlich aufgebrachter Gott bereitet.
Kommt denn der Menschen Stimme nicht zu euch?
So weit sie reicht, trägt sie den Ruf umher
Von unerhörten Taten, die geschahn.
So ist der Jammer, der Mykenens Hallen
Mit immer wiederholten Seufzern füllt,
Dir ein Geheimnis? – Klytämnestra hat
Mit Hülf Ägisthens den Gemahl berückt,
Am Tage seiner Rückkehr ihn ermordet! –
Ja, du verehrest dieses Königs Haus!
Ich seh es, deine Brust bekämpft vergebens
Das unerwartet ungeheure Wort.
Bist du die Tochter eines Freundes? bist
Du nachbarlich in dieser Stadt geboren?
Verbirg es nicht und rechne mir's nicht zu,
Daß ich der erste diese Greuel melde.

Iphigenie:

Sag an, wie ward die schwere Tat vollbracht?

Pylades:

Am Tage seiner Ankunft, da der König,
Vom Bad erquickt und ruhig, sein Gewand
Aus der Gemahlin Hand verlangend, stieg,
Warf die Verderbliche ein faltenreich
Und künstlich sich verwirrendes Gewebe
Ihm auf die Schultern, um das edle Haupt;

Und da er wie von einem Netze sich
Vergebens zu entwickeln strebte, schlug
Ägisth ihn, der Verräter, und verhüllt
Ging zu den Toten dieser große Fürst.

Iphigenie:
Und welchen Lohn erhielt der Mitverschworne?

Pylades:
Ein Reich und Bette, das er schon besaß.

Iphigenie:
So trieb zur Schandtat eine böse Lust?

Pylades:
Und einer alten Rache tief Gefühl.

Iphigenie:
Und wie beleidigte der König sie?

Pylades:
Mit schwerer Tat, die, wenn Entschuldigung
Des Mordes wäre, sie entschuldigte.
Nach Aulis lockt' er sie und brachte dort,
Als eine Gottheit sich der Griechen Fahrt
Mit ungestümen Winden widersetzte,
Die ältste Tochter, Iphigenien,
Vor den Altar Dianens, und sie fiel,
Ein blutig Opfer, für der Griechen Heil.
Dies, sagt man, hat ihr einen Widerwillen
So tief ins Herz geprägt, daß sie dem Werben
Ägisthens sich ergab und den Gemahl
Mit Netzen des Verderbens selbst umschlang.

Iphigenie *sich verhüllend*:
Es ist genug. Du wirst mich wiedersehn.

Pylades *allein*:
Von dem Geschick des Königshauses scheint
Sie tief gerührt. Wer sie auch immer sei,
So hat sie selbst den König wohl gekannt
Und ist, zu unserm Glück, aus hohem Hause
Hierher verkauft. Nur stille, liebes Herz,
Und laß dem Stern der Hoffnung, der uns blinkt,
Mit frohem Mut uns klug entgegensteuern.

Dritter Aufzug

Erster Auftritt

Iphigenie. Orest.

Iphigenie:
Unglücklicher, ich löse deine Bande
Zum Zeichen eines schmerzlichern Geschicks.
Die Freiheit, die das Heiligtum gewährt,
Ist, wie der letzte lichte Lebensblick
Des schwer Erkrankten, Todesbote. Noch
Kann ich es mir und darf es mir nicht sagen,
Daß ihr verloren seid! Wie könnt ich euch
Mit mörderischer Hand dem Tode weihen?
Und niemand, wer es sei, darf euer Haupt,
Solang ich Priesterin Dianens bin,

Berühren. Doch verweigr ich jene Pflicht,
Wie sie der aufgebrachte König fordert,
So wählt er eine meiner Jungfraun mir
Zur Folgerin, und ich vermag alsdann
Mit heißem Wunsch allein euch beizustehn.
O werter Landsmann! Selbst der letzte Knecht,
Der an den Herd der Vatergötter streifte,
Ist uns in fremdem Lande hoch willkommen:
Wie soll ich euch genug mit Freud und Segen
Empfangen, die ihr mir das Bild der Helden,
Die ich von Eltern her verehren lernte,
Entgegenbringet und das innre Herz
Mit neuer, schöner Hoffnung schmeichelnd labet!

Orest:

Verbirgst du deinen Namen, deine Herkunft
Mit klugem Vorsatz? oder darf ich wissen,
Wer mir, gleich einer Himmlischen, begegnet?

Iphigenie:

Du sollst mich kennen. Jetzo sag mir an,
Was ich nur halb von deinem Bruder hörte,
Das Ende derer, die, von Troja kehrend,
Ein hartes, unerwartetes Geschick
Auf ihrer Wohnung Schwelle stumm empfing.
Zwar ward ich jung an diesen Strand geführt;
Doch wohl erinnr ich mich des scheuen Blicks,
Den ich mit Staunen und mit Bangigkeit
Auf jene Helden warf. Sie zogen aus,
Als hätte der Olymp sich aufgetan
Und die Gestalten der erlauchten Vorwelt
Zum Schrecken Ilions herabgesendet,

Und Agamemnon war vor allen herrlich!
O sage mir! er fiel, sein Haus betretend,
Durch seiner Frauen und Ägisthens Tücke?

Orest:

Du sagst's!

Iphigenie:

Weh dir, unseliges Myken!
So haben Tantals Enkel Fluch auf Fluch
Mit vollen, wilden Händen ausgesät.
Und, gleich dem Unkraut, wüste Häupter schüttelnd
Und tausendfält'gen Samen um sich streuend,
Den Kindeskindern nahverwandte Mörder
Zur ew'gen Wechselwut erzeugt! Enthülle,
Was von der Rede deines Bruders schnell
Die Finsternis des Schreckens mir verdeckte.
Wie ist des großen Stammes letzter Sohn,
Das holde Kind, bestimmt, des Vaters Rächer
Dereinst zu sein, wie ist Orest dem Tage
Des Bluts entgangen? Hat ein gleich Geschick
Mit des Avernus Netzen ihn umschlungen?
Ist er gerettet? Lebt er? Lebt Elektra?

Orest:

Sie leben.

Iphigenie:

Goldne Sonne, leihe mir
Die schönsten Strahlen, lege sie zum Dank
Vor Jovis Thron! denn ich bin arm und stumm.

Orest:

Bist du gastfreundlich diesem Königshause,

Bist du mit nähern Banden ihm verbunden,
Wie deine schöne Freude mir verrät,
So bändige dein Herz und halt es fest!
Denn unerträglich muß dem Fröhlichen
Ein jäher Rückfall in die Schmerzen sein.
Du weißt nur, merk ich, Agamemnons Tod.

Iphigenie:
Hab ich an dieser Nachricht nicht genug?

Orest:
Du hast des Greuels Hälfte nur erfahren.

Iphigenie:
Was fürcht ich noch? Orest, Elektra leben.

Orest:
Und fürchtest du für Klytämnestren nichts?

Iphigenie:
Sie rettet weder Hoffnung, weder Furcht.

Orest:
Auch schied sie aus dem Land der Hoffnung ab.

Iphigenie:
Vergoß sie reuig wütend selbst ihr Blut?

Orest:
Nein, doch ihr eigen Blut gab ihr den Tod.

Iphigenie:
Sprich deutlicher, daß ich nicht länger sinne.
Die Ungewißheit schlägt mir tausendfältig
Die dunkeln Schwingen um das bange Haupt.

Orest:

So haben mich die Götter ausersehn
Zum Boten einer Tat, die ich so gern
Ins klanglos-dumpfe Höhlenreich der Nacht
Verbergen möchte? Wider meinen Willen
Zwingt mich dein holder Mund; allein er darf
Auch etwas Schmerzlichs fordern und erhält's.
Am Tage, da der Vater fiel, verbarg
Elektra rettend ihren Bruder: Strophius,
Des Vaters Schwäher, nahm ihn willig auf,
Erzog ihn neben seinem eignen Sohne,
Der, Pylades genannt, die schönsten Bande
Der Freundschaft um den Angekommnen knüpfte.
Und wie sie wuchsen, wuchs in ihrer Seele
Die brennende Begier, des Königs Tod
Zu rächen. Unversehen, fremd gekleidet,
Erreichen sie Myken, als brächten sie
Die Trauernachricht von Orestens Tode
Mit seiner Asche. Wohl empfänget sie
Die Königin; sie treten in das Haus.
Elektren gibt Orest sich zu erkennen;
Sie bläst der Rache Feuer in ihm auf,
Das vor der Mutter heil'ger Gegenwart
In sich zurückgebrannt war. Stille führt
Sie ihn zum Orte, wo sein Vater fiel,
Wo eine alte, leichte Spur des frech
Vergoßnen Blutes oft gewaschnen Boden
Mit blassen, ahndungsvollen Streifen färbte.
Mit ihrer Feuerzunge schilderte
Sie jeden Umstand der verruchten Tat,
Ihr knechtisch elend durchgebrachtes Leben,

Den Übermut der glücklichen Verräter
Und die Gefahren, die nun der Geschwister
Von einer stiefgewordnen Mutter warteten. –
Hier drang sie jenen alten Dolch ihm auf,
Der schon in Tantals Hause grimmig wütete,
Und Klytämnestra fiel durch Sohnes Hand.

Iphigenie:
Unsterbliche, die ihr den reinen Tag
Auf immer neuen Wolken selig lebet,
Habt ihr nur darum mich so manches Jahr
Von Menschen abgesondert, mich so nah
Bei euch gehalten, mir die kindliche
Beschäftigung, des heil'gen Feuers Glut
Zu nähren, aufgetragen, meine Seele
Der Flamme gleich in ew'ger, frommer Klarheit
Zu euern Wohnungen hinaufgezogen,
Daß ich nur meines Hauses Greuel später
Und tiefer fühlen sollte? – Sage mir
Vom Unglücksel'gen! Sprich mir von Orest! –

Orest:
O könnte man von seinem Tode sprechen!
Wie gärend stieg aus der Erschlagnen Blut
Der Mutter Geist
Und ruft der Nacht uralten Töchtern zu:
„Laßt nicht den Muttermörder entfliehn!
Verfolgt den Verbrecher! Euch ist er geweiht!"
Sie horchen auf, es schaut ihr hohler Blick
Mit der Begier des Adlers um sich her.
Sie rühren sich in ihren schwarzen Höhlen,
Und aus den Winkeln schleichen ihre Gefährten,

Der Zweifel und die Reue, leis herbei.
Vor ihnen steigt ein Dampf vom Acheron;
In seinen Wolkenkreisen wälzet sich
Die ewige Betrachtung des Geschehnen
Verwirrend um des Schuld'gen Haupt umher.
Und sie, berechtigt zum Verderben, treten
Der gottbesäten Erde schönen Boden,
Von dem ein alter Fluch sie längst verbannte.
Den Flüchtigen verfolgt ihr schneller Fuß;
Sie geben nur, um neu zu schrecken, Rast.

Iphigenie:

Unseliger, du bist in gleichem Fall
Und fühlst, was er, der arme Flüchtling, leidet!

Orest:

Was sagst du mir? Was wähnst du gleichen Fall?

Iphigenie:

Dich drückt ein Brudermord wie jenen; mir
Vertraute dies dein jüngster Bruder schon.

Orest:

Ich kann nicht leiden, daß du große Seele
Mit einem falschen Wort betrogen werdest.
Ein lügenhaft Gewebe knüpf ein Fremder
Dem Fremden, sinnreich und der List gewohnt,
Zur Falle vor die Füße; zwischen uns
Sei Wahrheit!
Ich bin Orest! und dieses schuld'ge Haupt
Senkt nach der Grube sich und sucht den Tod;
In jeglicher Gestalt sei er willkommen!
Wer du auch seist, so wünsch ich Rettung dir

Und meinem Freunde; mir wünsch ich sie nicht.
Du scheinst hier wider Willen zu verweilen;
Erfindet Rat zur Flucht und laßt mich hier.
Es stürze mein entseelter Leib vom Fels,
Es rauche bis zum Meer hinab mein Blut
Und bringe Fluch dem Ufer der Barbaren!
Geht ihr, daheim im schönen Griechenland
Ein neues Leben freundlich anzufangen!
Er entfernt sich.

Iphigenie:
So steigst du denn, Erfüllung, schönste Tochter
Des größten Vaters, endlich zu mir nieder!
Wie ungeheuer steht dein Bild vor mir!
Kaum reicht mein Blick dir an die Hände, die,
Mit Frucht und Segenskränzen angefüllt,
Die Schätze des Olympus niederbringen.
Wie man den König an dem Übermaß
Der Gaben kennt – denn ihm muß wenig scheinen,
Was Tausenden schon Reichtum ist –, so kennt
Man euch, ihr Götter, an gesparten, lang
Und weise zubereiteten Geschenken.
Denn ihr allein wißt, was uns frommen kann,
Und schaut der Zukunft ausgedehntes Reich,
Wenn jedes Abends Stern- und Nebelhülle
Die Aussicht uns verdeckt. Gelassen hört
Ihr unser Flehn, das um Beschleunigung
Euch kindisch bittet; aber eure Hand
Bricht unreif nie die goldnen Himmelsfrüchte,
Und wehe dem, der, ungeduldig sie
Ertrotzend, saure Speise sich zum Tod
Genießt. O laßt das lang erwartete,

Noch kaum gedachte Glück nicht wie den Schatten
Des abgeschiednen Freundes eitel mir
Und dreifach schmerzlicher vorübergehn!

Orest *tritt wieder zu ihr*:
Rufst du die Götter an für dich und Pylades,
So nenne meinen Namen nicht mit eurem.
Du rettest den Verbrecher nicht, zu dem
Du dich gesellst, und teilest Fluch und Not.

Iphigenie:
Mein Schicksal ist an deines fest gebunden.

Orest:
Mitnichten! Laß allein und unbegleitet
Mich zu den Toten gehn. Verhülltest du
In deinen Schleier selbst den Schuldigen:
Du birgst ihn nicht vorm Blick der immer Wachen,
Und deine Gegenwart, du Himmlische,
Drängt sie nur seitwärts und verscheucht sie nicht.
Sie dürfen mit den ehrnen frechen Füßen
Des heil'gen Waldes Boden nicht betreten;
Doch hör ich aus der Ferne hier und da
Ihr gräßliches Gelächter. Wölfe harren
So um den Baum, auf den ein Reisender
Sich rettete. Da draußen ruhen sie
Gelagert; und verlaß ich diesen Hain,
Dann steigen sie, die Schlangenhäupter schüttelnd,
Von allen Seiten Staub erregend auf
Und treiben ihre Beute vor sich her.

Iphigenie:
Kannst du, Orest, ein freundlich Wort vernehmen?

Orest:
Spar es für einen Freund der Götter auf.

Iphigenie:
Sie geben dir zu neuer Hoffnung Licht.

Orest:
Durch Rauch und Qualm seh ich den matten Schein
Des Totenflusses mir zur Hölle leuchten.

Iphigenie:
Hast du Elektren, eine Schwester nur?

Orest:
Die eine kannt ich; doch die ältste nahm
Ihr gut Geschick, das uns so schrecklich schien,
Beizeiten aus dem Elend unsers Hauses.
O laß dein Fragen und geselle dich
Nicht auch zu den Erinnyen; sie blasen
Mir schadenfroh die Asche von der Seele
Und leiden nicht, daß sich die letzten Kohlen
Von unsers Hauses Schreckensbrande still
In mir verglimmen. Soll die Glut denn ewig,
Vorsätzlich angefacht, mit Höllenschwefel
Genährt, mir auf der Seele marternd brennen?

Iphigenie:
Ich bringe süßes Rauchwerk in die Flamme.
O laß den reinen Hauch der Liebe dir
Die Glut des Busens leise wehend kühlen.
Orest, mein Teurer, kannst du nicht vernehmen?
Hat das Geleit der Schreckensgötter so
Das Blut in deinen Adern aufgetrocknet?
Schleicht, wie vom Haupt der gräßlichen Gorgone,

Versteinernd dir ein Zauber durch die Glieder?
O wenn vergoßnen Mutterblutes Stimme
Zur Höll hinab mit dumpfen Tönen ruft,
Soll nicht der reinen Schwester Segenswort
Hülfreiche Götter vom Olympus rufen?

Orest:
Es ruft! es ruft! So willst du mein Verderben?
Verbirgt in dir sich eine Rachegöttin?
Wer bist du, deren Stimme mir entsetzlich
Das Innerste in seinen Tiefen wendet?

Iphigenie:
Es zeigt sich dir im tiefsten Herzen an:
Orest, ich bin's! Sieh Iphigenien!
Ich lebe!

Orest:
Du!

Iphigenie:
Mein Bruder!

Orest:
Laß! Hinweg!
Ich rate dir, berühre nicht die Locken!
Wie von Kreusas Brautkleid zündet sich
Ein unauslöschlich Feuer von mir fort.
Laß mich! Wie Herkules will ich Unwürd'ger
Den Tod voll Schmach, in mich verschlossen, sterben.

Iphigenie:
Du wirst nicht untergehn! O daß ich nur
Ein ruhig Wort von dir vernehmen könnte!
O löse meine Zweifel, laß des Glückes,

Des lang erflehten, mich auch sicher werden.
Es wälzet sich ein Rad von Freud und Schmerz
Durch meine Seele. Von dem fremden Manne
Entfernet mich ein Schauer; doch es reißt
Mein Innerstes gewaltig mich zum Bruder.

Orest:

Ist hier Lyäens Tempel? und ergreift
Unbändig-heil'ge Wut die Priesterin?

Iphigenie:

O höre mich! O sieh mich an, wie mir
Nach einer langen Zeit das Herz sich öffnet,
Der Seligkeit, dem Liebsten, was die Welt
Noch für mich tragen kann, das Haupt zu küssen,
Mit meinen Armen, die den leeren Winden
Nur ausgebreitet waren, dich zu fassen!
O laß mich! Laß mich! Denn es quillet heller
Nicht vom Parnaß die ew'ge Quelle sprudelnd
Von Fels zu Fels ins goldne Tal hinab,
Wie Freude mir vom Herzen wallend fließt
Und wie ein selig Meer mich rings umfängt.
Orest! Orest! Mein Bruder!

Orest:

Schöne Nymphe,
Ich traue dir und deinem Schmeicheln nicht.
Diana fordert strenge Dienerinnen
Und rächet das entweihte Heiligtum.
Entferne deinen Arm von meiner Brust!
Und wenn du einen Jüngling rettend lieben,
Das schöne Glück ihm zärtlich bieten willst,
So wende meinem Freunde dein Gemüt,

Dem würd'gern Manne, zu. Er irrt umher
Auf jenem Felsenpfade; such ihn auf,
Weis ihn zurecht und schone meiner.

Iphigenie:
Fasse Dich, Bruder, und erkenne die Gefundne!
Schilt einer Schwester reine Himmelsfreude
Nicht unbesonnene, strafbare Lust.
O nehmt den Wahn ihm von dem starren Auge,
Daß uns der Augenblick der höchsten Freude
Nicht dreifach elend mache! Sie ist hier,
Die längst verlorne Schwester. Vom Altar
Riß mich die Göttin weg und rettete
Hierher mich in ihr eigen Heiligtum.
Gefangen bist du, dargestellt zum Opfer,
Und findest in der Priesterin die Schwester.

Orest:
Unselige! So mag die Sonne denn
Die letzten Greuel unsers Hauses sehn!
Ist nicht Elektra hier, damit auch sie
Mit uns zugrunde gehe, nicht ihr Leben
Zu schwererem Geschick und Leiden friste?
Gut, Priesterin! ich folge zum Altar:
Der Brudermord ist hergebrachte Sitte
Des alten Stammes; und ich danke, Götter,
Daß ihr mich ohne Kinder auszurotten
Beschlossen habt. Und laß dir raten, habe
Die Sonne nicht zu lieb und nicht die Sterne;
Komm, folge mir ins dunkle Reich hinab!
Wie sich vom Schwefelpfuhl erzeugte Drachen,
Bekämpfend die verwandte Brut, verschlingen,

Zerstört sich selbst das wütende Geschlecht;
Komm kinderlos und schuldlos mit hinab!
Du siehst mich mit Erbarmen an? Laß ab!
Mit solchen Blicken suchte Klytämnestra
Sich einen Weg nach ihres Sohnes Herzen;
Doch sein geschwungner Arm traf ihre Brust.
Die Mutter fiel! – Tritt auf, unwill'ger Geist!
Im Kreis geschlossen tretet an, ihr Furien,
Und wohnet dem willkommnen Schauspiel bei,
Dem letzten, gräßlichsten, das ihr bereitet!
Nicht Haß und Rache schärfen ihren Dolch;
Die liebevolle Schwester wird zur Tat
Gezwungen. Weine nicht! Du hast nicht schuld.
Seit meinen ersten Jahren hab ich nichts
Geliebt, wie ich dich lieben könnte, Schwester.
Ja, schwinge deinen Stahl, verschone nicht,
Zerreiße diesen Busen und eröffne
Den Strömen, die hier sieden, einen Weg!
Er sinkt in Ermattung.

Iphigenie:

Allein zu tragen dieses Glück und Elend,
Vermag ich nicht. – Wo bist du, Pylades?
Wo find ich deine Hülfe, teurer Mann?
Sie entfernt sich suchend.

Zweiter Auftritt

Orest *aus seiner Betäubung erwachend und sich aufrichtend*:
Noch einen' reiche mir aus Lethes Fluten
Den letzten kühlen Becher der Erquickung!
Bald ist der Krampf des Lebens aus dem Busen
Hinweggespült; bald fließet still mein Geist,
Der Quelle des Vergessens hingegeben,
Zu euch, ihr Schatten, in die ew'gen Nebel.
Gefällig laßt in eurer Ruhe sich
Den umgetriebnen Sohn der Erde laben! –
Welch ein Gelispel hör ich in den Zweigen,
Welch ein Geräusch aus jener Dämmrung säuseln? –
Sie kommen schon, den neuen Gast zu sehn!
Wer ist die Schar, die herrlich miteinander
Wie ein versammelt Fürstenhaus sich freut?
Sie gehen friedlich, Alt' und Junge, Männer
Mit Weibern; göttergleich und ähnlich scheinen
Die wandelnden Gestalten. Ja, sie sind's,
Die Ahnherrn meines Hauses! – Mit Thyesten
Geht Atreus in vertraulichen Gesprächen,
Die Knaben schlüpfen scherzend um sie her.
Ist keine Feindschaft hier mehr unter euch?
Verlosch die Rache wie das Licht der Sonne?
So bin auch ich willkommen, und ich darf
In euern feierlichen Zug mich mischen.
Willkommen, Väter! euch grüßt Orest,
Von euerm Stamme der letzte Mann;
Was ihr gesät, hat er geerntet:
Mit Fluch beladen stieg er herab.
Doch leichter träget sich hier jede Bürde:

Nehmt ihn, o nehmt ihn in euern Kreis! –
Dich, Atreus, ehr ich, auch dich, Thyesten:
Wir sind hier alle der Feindschaft los. –
Zeigt mir den Vater, den ich nur einmal
Im Leben sah! – Bist du's, mein Vater?
Und führst die Mutter vertraut mit dir?
Darf Klytämnestra die Hand dir reichen,
So darf Orest auch zu ihr treten
Und darf ihr sagen: Sieh deinen Sohn! –
Seht euern Sohn! Heißt ihn willkommen!
Auf Erden war in unserm Hause
Der Gruß des Mordes gewisse Losung,
Und das Geschlecht des alten Tantalus
Hat seine Freuden jenseits der Nacht.
Ihr ruft: „Willkommen!“ und nehmt mich auf.
O führt zum Alten, zum Ahnherrn mich!
Wo ist der Alte? daß ich ihn sehe,
Das teure Haupt, das vielverehrte,
Das mit den Göttern zu Rate saß.
Ihr scheint zu zaudern, euch wegzuwenden?
Was ist es? Leidet der Göttergleiche?
Weh mir! es haben die Übermächt'gen
Der Heldenbrust grausame Qualen
Mit ehrnen Ketten fest aufgeschmiedet.

Dritter Auftritt

Orest. Iphigenie. Pylades.

Orest:
Seid ihr auch schon herabgekommen?
Wohl, Schwester, dir! Noch fehlt Elektra:
Ein güt'ger Gott send uns die eine
Mit sanften Pfeilen auch schnell herab.
Dich, armer Freund, muß ich bedauern!
Komm mit! komm mit! zu Plutos Thron,
Als neue Gäste den Wirt zu grüßen.

Iphigenie:
Geschwister, die ihr an dem weiten Himmel
Das schöne Licht bei Tag und Nacht herauf
Den Menschen bringet und den Abgeschiednen
Nicht leuchten dürfet, rettet uns Geschwister!
Du liebst Diane, deinen holden Bruder
Vor allem, was dir Erd und Himmel bietet
Und wendest dein jungfräulich Angesicht
Nach seinem ew'gen Lichte sehnend still.
O laß den einz'gen, spätgefundnen mir
Nicht in der Finsternis des Wahnsinns rasen!
Und ist dein Wille, da du hier mich bargst,
Nunmehr vollendet, willst du mir durch ihn
Und ihm durch mich die sel'ge Hülfe geben,
So lös ihn von den Banden jenes Fluchs,
Daß nicht die teure Zeit der Rettung schwinde!

Pylades:
Erkennst du uns und diesen heil'gen Hain

Und dieses Licht, das nicht den Toten leuchtet?
Fühlst du den Arm des Freundes und der Schwester,
Die dich noch fest, noch lebend halten? Faß
Uns kräftig an; wir sind nicht leere Schatten.
Merk auf mein Wort! Vernimm es! Raffe dich
Zusammen! Jeder Augenblick ist teuer,
Und unsre Rückkehr hängt an zarten Fäden,
Die, scheint es, eine günst'ge Parze spinnt.

Orest *zu Iphigenien*:
Laß mich zum erstenmal mit freiem Herzen
In deinen Armen reine Freude haben!
Ihr Götter, die mit flammender Gewalt
Ihr schwere Wolken aufzuzehren wandelt
Und gnädig-ernst den lang erflehten Regen
Mit Donnerstimmen und mit Windesbrausen
In wilden Strömen auf die Erde schüttet,
Doch bald der Menschen grausendes Erwarten
In Segen auflöst und das bange Staunen
In Freudeblick und lauten Dank verwandelt,
Wenn in den Tropfen frisch erquickter Blätter
Die neue Sonne tausendfach sich spiegelt
Und Iris freundlich bunt mit leichter Hand
Den grauen Flor der letzten Wolken trennt:
O laßt mich auch in meiner Schwester Armen,
An meines Freundes Brust, was ihr mir gönnt,
Mit vollem Dank genießen und behalten!
Es löset sich der Fluch, mir sagt's das Herz.
Die Eumeniden ziehn, ich höre sie,
Zum Tartarus und schlagen hinter sich
Die ehrnen Tore fernabdonnernd zu.
Die Erde dampft erquickenden Geruch

Und ladet mich auf ihren Flächen ein,
Nach Lebensfreud und großer Tat zu jagen.

Pylades:
Versäumt die Zeit nicht, die gemessen ist!
Der Wind, der unsre Segel schwellt, er bringe
Erst unsre volle Freude zum Olymp.
Kommt! Es bedarf hier schnellen Rat und Schluß.

Vierter Aufzug

Erster Auftritt

Iphigenie:
Denken die Himmlischen
Einem der Erdgebornen
Viele Verwirrungen zu
Und bereiten sie ihm
Von der Freude zu Schmerzen
Und von Schmerzen zur Freude
Tief erschütternden Übergang:
Dann erziehen sie ihm
In der Nähe der Stadt
Oder am fernen Gestade,
Daß in Stunden der Not
Auch die Hülfe bereit sei,
Einen ruhigen Freund.
O segnet, Götter, unsern Pylades
Und was er immer unternehmen mag!

Er ist der Arm des Jünglings in der Schlacht,
Der Greises leuchtend Aug in der Versammlung:
Denn seine Seel ist stille; sie bewahrt
Der Ruhe heil'ges, unerschöpftes Gut,
Und den Umhergetriebnen reichet er
Aus ihren Tiefen Rat und Hülfe. Mich
Riß er vom Bruder los; den staunt ich an
Und immer wieder an und konnte mir
Das Glück nicht eigen machen, ließ ihn nicht
Aus meinen Armen los und fühlte nicht
Die Nähe der Gefahr, die uns umgibt.
Jetzt gehn sie, ihren Anschlag auszuführen,
Der See zu, wo das Schiff mit den Gefährten,
In einer Bucht versteckt, aufs Zeichen lauert,
Und haben kluges Wort mir in den Mund
Gegeben, mich gelehrt, was ich dem König
Antworte, wenn er sendet und das Opfer
Mir dringender gebietet. Ach! ich sehe wohl,
Ich muß mich leiten lassen wie ein Kind.
Ich habe nicht gelernt zu hinterhalten
Noch jemand etwas abzulisten. Weh!
O weh der Lüge! Sie befreiet nicht
Wie jedes andre, wahrgesprochne Wort
Die Brust; sie macht uns nicht getrost, sie ängstet
Den, der sie heimlich schmiedet, und sie kehrt,
Ein losgedruckter Pfeil, von einem Gotte
Gewendet und versagend, sich zurück
Und trifft den Schützen. Sorg auf Sorge schwankt
Mir durch die Brust. Es greift die Furie
Vielleicht den Bruder auf dem Boden wieder
Des ungeweihten Ufers grimmig an.

Entdeckt man sie vielleicht? Mich dünkt, ich höre
Gewaffnete sich nahen! – Hier! – Der Bote
Kommt von dem Könige mit schnellem Schritt.
Es schlägt mein Herz, es trübt sich meine Seele,
Da ich des Mannes Angesicht erblicke,
Dem ich mit falschem Wort begegnen soll.

Zweiter Auftritt

Iphigenie. Arkas.

Arkas:
Beschleunige das Opfer, Priesterin!
Der König wartet, und es harrt das Volk.

Iphigenie:
Ich folgte meiner Pflicht und deinem Wink,
Wenn unvermutet nicht ein Hindernis
Sich zwischen mich und die Erfüllung stellte.

Arkas:
Was ist's, das den Befehl des Königs hindert?

Iphigenie:
Der Zufall, dessen wir nicht Meister sind.

Arkas:
So sage mir's, daß ich's ihm schnell vermelde:
Denn er beschloß bei sich der beiden Tod.

Iphigenie:
Die Götter haben ihn noch nicht beschlossen.
Der ältste dieser Männer trägt die Schuld

Des nahverwandten Bluts, das er vergoß.
Die Furien verfolgen seinen Pfad,
Ja, in dem innern Tempel faßte selbst
Das Übel ihn, und seine Gegenwart
Entheiligte die reine Stätte. Nun
Eil ich mit meinen Jungfraun, an dem Meere
Der Göttin Bild mit frischer Welle netzend,
Geheimnisvolle Weihe zu begehn.
Es störe niemand unsern stillen Zug!

Arkas:
Ich melde dieses neue Hindernis
Dem Königе geschwind; beginne du
Das heil'ge Werk nicht eh, bis er's erlaubt.

Iphigenie:
Dies ist allein der Priestrin uberlassen.

Arkas:
Solch seltnen Fall soll auch der König wissen.

Iphigenie:
Sein Rat wie sein Befehl verändert nichts.

Arkas:
Oft wird der Mächtige zum Schein gefragt.

Iphigenie:
Erdringe nicht, was ich versagen sollte.

Arkas:
Versage nicht, was gut und nützlich ist.

Iphigenie:
Ich gebe nach, wenn du nicht säumen willst.

Arkas:
Schnell bin ich mit der Nachricht in dem Lager.
Und schnell mit seinen Worten hier zurück.
O könnt ich ihm noch eine Botschaft bringen,
Die alles löste, was uns jetzt verwirrt:
Denn du hast nicht des Treuen Rat geachtet.

Iphigenie:
Was ich vermochte, hab ich gern getan.

Arkas:
Noch änderst du den Sinn zur rechten Zeit.

Iphigenie:
Das steht nun einmal nicht in unsrer Macht.

Arkas:
Du hältst unmöglich, was dir Mühe kostet.

Iphigenie:
Dir scheint es möglich, weil der Wunsch dich trügt.

Arkas:
Willst du denn alles so gelassen wagen?

Iphigenie:
Ich hab es in der Götter Hand gelegt.

Arkas:
Sie pflegen Menschen menschlich zu erretten.

Iphigenie:
Auf ihren Fingerzeig kömmt alles an.

Arkas:
Ich sage dir, es liegt in deiner Hand.
Des Königs aufgebrachter Sinn allein

Bereitet diesen Fremden bittern Tod.
Das Heer entwöhnte längst vom harten Opfer
Und von dem blut'gen Dienste sein Gemüt.
Ja, mancher, den ein widriges Geschick
An fremdes Ufer trug, empfand es selbst,
Wie göttergleich dem armen Irrenden,
Umhergetriebnen an der fremden Grenze
Ein freundlich Menschenangesicht begegnet.
O wende nicht von uns, was du vermagst!
Du endest leicht, was du begonnen hast:
Denn nirgends baut die Milde, die herab
In menschlicher Gestalt vom Himmel kommt,
Ein Reich sich schneller, als wo trüb und wild
Ein neues Volk voll Leben, Mut und Kraft,
Sich selbst und banger Ahnung überlassen,
Des Menschenlebens schwere Bürden trägt.

Iphigenie:
Erschüttre meine Seele nicht, die du
Nach deinem Willen nicht bewegen kannst.

Arkas:
Solang es Zeit ist, schont man weder Mühe
Noch eines guten Wortes Wiederholung.

Iphigenie:
Du machst dir Müh, und mir erregst du Schmerzen;
Vergebens beides: darum laß mich nun.

Arkas:
Die Schmerzen sind's, die ich zu Hülfe rufe:
Denn es sind Freunde, Gutes raten sie.

Iphigenie:
Sie fassen meine Seele mit Gewalt,
Doch tilgen sie den Widerwillen nicht.

Arkas:
Fühlt eine schöne Seele Widerwillen
Für eine Wohltat, die der Edle reicht?

Iphigenie:
Ja, wenn der Edle, was sich nicht geziemt,
Statt meines Dankes mich erwerben will.

Arkas:
Wer keine Neigung fühlt, dem mangelt es
An einem Worte der Entschuld'gung nie.
Dem Fürsten sag ich an, was hier geschehn.
O wiederholtest du in deiner Seele,
Wie edel er sich gegen dich betrug
Von deiner Ankunft an bis diesen Tag!

Dritter Auftritt

Iphigenie *allein*:
Von dieses Mannes Rede fühl ich mir
Zur ungelegnen Zeit das Herz im Busen
Auf einmal umgewendet. Ich erschrecke! –
Denn wie die Flut mit schnellen Strömen wachsend
Die Felsen überspült, die in dem Sand
Am Ufer liegen: so bedeckte ganz
Ein Freudenstrom mein Innerstes. Ich hielt
In meinen Armen das Unmögliche.

Es schien sich eine Wolke wieder sanft
Um mich zu legen, von der Erde mich
Emporzuheben und in jenen Schlummer
Mich einzuwiegen, den die gute Göttin
Um meine Schläfe legte, da ihr Arm
Mich rettend faßte. – Meinen Bruder
Ergriff das Herz mit einziger Gewalt:
Ich horchte nur auf seines Freundes Rat;
Nur sie zu retten, drang die Seele vorwärts.
Und wie den Klippen einer wüsten Insel
Der Schiffer gern den Rücken wendet: so
Lag Tauris hinter mir. Nun hat die Stimme
Des treuen Manns mich wieder aufgeweckt,
Daß ich auch Menschen hier verlasse, mich
Erinnert. Doppelt wird mir der Betrug
Verhaßt. O bleibe ruhig, meine Seele!
Beginnst du nun zu schwanken und zu zweifeln?
Den festen Boden deiner Einsamkeit
Mußt du verlassen! Wieder eingeschifft,
Ergreifen dich die Wellen schaukelnd, trüb
Und bang verkennest du die Welt und dich.

Vierter Auftritt

Iphigenie. Pylades.

Pylades:
Wo ist sie? daß ich ihr mit schnellen Worten
Die frohe Botschaft unsrer Rettung bringe!

Iphigenie:
Du siehst mich hier voll Sorgen und Erwartung
Des sichern Trostes, den du mir versprichst.

Pylades:
Dein Bruder ist geheilt! Den Felsenboden
Des ungeweihten Ufers und den Sand
Betraten wir mit fröhlichen Gesprächen;
Der Hain blieb hinter uns, wir merkten's nicht.
Und herrlicher und immer herrlicher
Umloderte der Jugend schöne Flamme
Sein lockig Haupt; sein volles Auge glühte
Von Mut und Hoffnung, und sein freies Herz
Ergab sich ganz der Freude, ganz der Lust,
Dich, seine Retterin, und mich zu retten.

Iphigenie:
Gesegnet seist du, und es möge nie
Von deiner Lippe, die so Gutes sprach,
Der Ton des Leidens und der Klage tönen!

Pylades:
Ich bringe mehr als das; denn schön begleitet
Gleich einem Fürsten pflegt das Glück zu nahn.

Auch die Gefährten haben wir gefunden.
In einer Felsenbucht verbargen sie
Das Schiff und saßen traurig und erwartend.
Sie sahen deinen Bruder, und es regten
Sich alle jauchzend, und sie baten dringend,
Der Abfahrt Stunde zu béschleunigen.
Es sehnet jede Faust sich nach dem Ruder,
Und selbst ein Wind erhob vom Lande lispelnd,
Von allen gleich bemerkt, die holden Schwingen.
Drum laß uns eilen, führe mich zum Tempel,
Laß mich das Heiligtum betreten, laß
Mich unsrer Wünsche Ziel verehrend fassen!
Ich bin allein genug, der Göttin Bild
Auf wohlgeübten Schultern wegzutragen:
Wie sehn ich mich nach der erwünschten Last!
Er geht gegen den Tempel unter den letzten Worten, ohne zu bemerken, daß Iphigenie nicht folgt; endlich kehrt er sich um.
Du stehst und zauderst – Sage mir – du schweigst!
Du scheinst verworren! Widersetzet sich
Ein neues Unheil unserm Glück? Sag an!
Hast du dem Könige das kluge Wort
Vermelden lassen, das wir abgeredet?

Iphigenie:
Ich habe, teurer Mann; doch wirst du schelten.
Ein schweigender Verweis war mir dein Anblick.
Des Königs Bote kam, und wie du es
Mir in den Mund gelegt, so sagt ich's ihm.
Er schien zu staunen und verlangte dringend,
Die seltne Feier erst dem Könige
Zu melden, seinen Willen zu vernehmen;
Und nun erwart ich seine Wiederkehr.

Pylades:

Weh uns! Erneuert schwebt nun die Gefahr
Um unsre Schläfe! Warum hast du nicht
Ins Priesterrecht dich weislich eingehüllt?

Iphigenie:

Als eine Hülle hab ich's nie gebraucht.

Pylades:

So wirst du, reine Seele, dich und uns
Zugrunde richten. Warum dacht ich nicht
Auf diesen Fall voraus und lehrte dich
Auch dieser Fordrung auszuweichen!

Iphigenie:

Schilt
Nur mich, die Schuld ist mein, ich fühl es wohl;
Doch konnt ich anders nicht dem Mann begegnen,
Der mit Vernunft und Ernst von mir verlangte,
Was ihm mein Herz als Recht gestehen mußte.

Pylades:

Gefährlicher zieht sich's zusammen; doch auch so
Laß uns nicht zagen oder unbesonnen
Und übereilt uns selbst verraten. Ruhig
Erwarte du die Wiederkunft des Boten,
Und dann steh fest, er bringe, was er will:
Denn solcher Weihung Feier anzuordnen
Gehört der Priesterin und nicht dem König.
Und fordert er, den fremden Mann zu sehn,
Der von dem Wahnsinn schwer belastet ist,
So lehn es ab, als hieltest du uns beide
Im Tempel wohlverwahrt. So schaff uns Luft,

Daß wir aufs eiligste, den heil'gen Schatz
Dem rauh unwürd'gen Volk entwendend, fliehn.
Die besten Zeichen sendet uns Apoll,
Und eh wir die Bedingung fromm erfüllen,
Erfüllt er göttlich sein Versprechen schon.
Orest ist frei, geheilt! – Mit dem Befreiten
O führet uns hinüber, günst'ge Winde,
Zur Felseninsel, die der Gott bewohnt;
Dann nach Myken, daß es lebendig werde,
Daß von der Asche des verloschnen Herdes
Die Vatergötter fröhlich sich erheben
Und schönes Feuer ihre Wohnungen
Umleuchte! Deine Hand soll ihnen Weihrauch
Zuerst aus goldnen Schalen streuen. Du
Bringst über jene Schwelle Heil und Leben wieder,
Entsühnst den Fluch und schmückest neu die Deinen
Mit frischen Lebensblüten herrlich aus.

Iphigenie:

Vernehm ich dich, so wendet sich, o Teurer,
Wie sich die Blume nach der Sonne wendet,
Die Seele, von dem Strahle deiner Worte
Getroffen, sich dem süßen Troste nach.
Wie köstlich ist des gegenwärt'gen Freundes
Gewisse Rede, deren Himmelskraft
Ein Einsamer entbehrt und still versinkt.
Denn langsam reift, verschlossen in dem Busen,
Gedank ihm und Entschluß; die Gegenwart
Des Liebenden entwickelte sie leicht.

Pylades:

Leb wohl! Die Freunde will ich nun geschwind

Beruhigen, die sehnlich wartend harren.
Dann komm ich schnell zurück und lausche hier
Im Felsenbusch versteckt auf deinen Wink –
Was sinnest du? Auf einmal überschwebt
Ein stiller Trauerzug die freie Stirne.

Iphigenie:

Verzeih! Wie leichte Wolken vor der Sonne,
So zieht mir vor der Seele leichte Sorge
Und Bangigkeit vorüber.

Pylades:

Fürchte nicht!
Betrüglich schloß die Furcht mit der Gefahr
Ein enges Bündnis: beide sind Gesellen.

Iphigenie:

Die Sorge nenn ich edel, die mich warnt,
Den König, der mein zweiter Vater ward,
Nicht tückisch zu betrügen, zu berauben.

Pylades:

Der deinen Bruder schlachtet, dem entfliehst du.

Iphigenie:

Es ist derselbe, der mir Gutes tat.

Pylades:

Das ist nicht Undank, was die Not gebeut.

Iphigenie:

Es bleibt wohl Undank; nur die Not entschuldigt.

Pylades:

Vor Göttern und vor Menschen dich gewiß.

Iphigenie:
Allein mein eigen Herz ist nicht befriedigt.

Pylades:
Zu strenge Fordrung ist verborgner Stolz.

Iphigenie:
Ich untersuche nicht, ich fühle nur.

Pylades:
Fühlst du dich recht, so mußt du dich verehren.

Iphigenie:
Ganz unbefleckt genießt sich nur das Herz.

Pylades:
So hast du dich im Tempel wohl bewahrt;
Das Leben lehrt uns, weniger mit uns
Und andern strenge sein; du lernst es auch.
So wunderbar ist dies Geschlecht gebildet,
So vielfach ist's verschlungen und verknüpft,
Daß keiner in sich selbst noch mit den andern
Sich rein und unverworren halten kann.
Auch sind wir nicht bestellt, uns selbst zu richten;
Zu wandeln und auf seinen Weg zu sehen,
Ist eines Menschen erste, nächste Pflicht:
Denn selten schätzt er recht, was er getan,
Und was er tut, weiß er fast nie zu schätzen.

Iphigenie:
Fast überredst du mich zu deiner Meinung.

Pylades:
Braucht's Überredung, wo die Wahl versagt ist?

Den Bruder, dich und einen Freund zu retten,
Ist nur ein Weg, fragt sich's, ob wir ihn gehn?

Iphigenie:

O laß mich zaudern! denn du tätest selbst
Ein solches Unrecht keinem Mann gelassen,
Dem du für Wohltat dich verpflichtet hieltest.

Pylades:

Wenn wir zugrunde gehen, wartet dein
Ein härtrer Vorwurf, der Verzweiflung trägt.
Man sieht, du bist nicht an Verlust gewohnt,
Da du, dem großen Übel zu entgehen,
Ein falsches Wort nicht einmal opfern willst.

Iphigenie:

O trüg ich doch ein männlich Herz in mir,
Das, wenn es einen kühnen Vorsatz hegt,
Vor jeder andern Stimme sich verschließt!

Pylades:

Du weigerst dich umsonst; die ehrne Hand
Der Not gebietet, und ihr ernster Wink
Ist oberstes Gesetz, dem Götter selbst
Sich unterwerfen müssen. Schweigend herrscht
Des ew'gen Schicksals unberatne Schwester.
Was sie dir auferlegt, das trage: tu,
Was sie gebeut. Das andre weißt du. Bald
Komm ich zurück, aus deiner heil'gen Hand
Der Rettung schönes Siegel zu empfangen.

Fünfter Auftritt

Iphigenie *allein*:

Ich muß ihm folgen: denn die Meinigen
Seh ich in dringender Gefahr. Doch ach!
Mein eigen Schicksal macht mir bang und bänger.
O soll ich nicht die stille Hoffnung retten,
Die in der Einsamkeit ich schön genährt?
Soll dieser Fluch denn ewig walten? Soll
Nie dies Geschlecht mit einem neuen Segen
Sich wieder heben? – Nimmt doch alles ab!
Das beste Glück, des Lebens schönste Kraft
Ermattet endlich: warum nicht der Fluch?
So hofft ich denn vergebens, hier verwahrt,
Von meines Hauses Schicksal abgeschieden,
Dereinst mit reiner Hand und reinem Herzen
Die schwerbefleckte Wohnung zu entsühnen!
Kaum wird in meinen Armen mir ein Bruder
Vom grimm'gen Übel wundervoll und schnell
Geheilt, kaum naht ein lang erflehtes Schiff,
Mich in den Port der Vaterwelt zu leiten,
So legt die taube Not ein doppelt Laster
Mit ehrner Hand mir auf: das heilige,
Mir anvertraute, viel verehrte Bild
Zu rauben und den Mann zu hintergehn,
Dem ich mein Leben und mein Schicksal danke.
O daß in meinem Busen nicht zuletzt
Ein Widerwille keime! der Titanen,
Der alten Götter tiefer Haß auf euch,
Olympier, nicht auch die zarte Brust
Mit Geierklauen fasse! Rettet mich
Und rettet euer Bild in meiner Seele!

Vor meinen Ohren tönt das alte Lied –
Vergessen hatt ich's und vergaß es gern –,
Das Lied der Parzen, das sie grausend sangen,
Als Tantalus vom goldnen Stuhle fiel:
Sie litten mit dem edeln Freunde; grimmig
War ihre Brust und furchtbar ihr Gesang.
In unsrer Jugend sang's die Amme mir
Und den Geschwistern vor, ich merkt es wohl:
Es fürchte die Götter
Das Menschengeschlecht!
Sie halten die Herrschaft
In ewigen Händen
Und können sie brauchen,
Wie's ihnen gefällt.
Der fürchte sie doppelt,
Den je sie erheben!
Auf Klippen und Wolken
Sind Stühle bereitet
Um goldene Tische.
Erhebet ein Zwist sich:
So stürzen die Gäste
Geschmäht und geschändet
In nächtliche Tiefen
Und harren vergebens,
Im Finstern gebunden,
Gerechten Gerichtes.
Sie aber, sie bleiben
In ewigen Festen
An goldenen Tischen.
Sie schreiten vom Berge
Zu Bergen hinüber:

Aus Schlünden der Tiefe
Dampft ihnen der Atem
Erstickter Titanen,
Gleich Opfergerüchen,
Ein leichtes Gewölke.
Es wenden die Herrscher
Ihr segnendes Auge
Von ganzen Geschlechtern
Und meiden, im Enkel
Die ehmals geliebten,
Still redenden Züge
Des Ahnherrn zu sehn.
So sangen die Parzen;
Es horcht der Verbannte
In nächtlichen Höhlen,
Der Alte, die Lieder,
Denkt Kinder und Enkel
Und schüttelt das Haupt.

Fünfter Aufzug

Erster Auftritt

Thoas. Arkas.

Arkas:

Verwirrt muß ich gestehn, daß ich nicht weiß,
Wohin ich meinen Argwohn richten soll.
Sind's die Gefangnen, die auf ihre Flucht
Verstohlen sinnen? Ist's die Priesterin,
Die ihnen hilft? Es mehrt sich das Gerücht:
Das Schiff, das diese beiden hergebracht,
Sei irgend noch in einer Bucht versteckt.
Und jenes Mannes Wahnsinn, diese Weihe,
Der heil'ge Vorwand dieser Zögrung, rufen
Den Argwohn lauter und die Vorsicht auf.

Thoas:

Es komme schnell die Priesterin herbei!
Dann geht, durchsucht das Ufer scharf und schnell
Vom Vorgebirge bis zum Hain der Göttin.
Verschonet seine heil'gen Tiefen, legt
Bedächt'gen Hinterhalt und greift sie an;
Wo ihr sie findet, faßt sie, wie ihr pflegt!

Zweiter Auftritt

Thoas *allein*:

Entsetzlich wechselt mir der Grimm im Busen:
Erst gegen sie, die ich so heilig hielt,
Dann gegen mich, der ich sie zum Verrat
Durch Nachsicht und durch Güte bildete.
Zur Sklaverei gewöhnt der Mensch sich gut
Und lernet leicht gehorchen, wenn man ihn
Der Freiheit ganz beraubt. Ja, wäre sie
In meiner Ahnherrn rohe Hand gefallen
Und hätte sie der heil'ge Grimm verschont:
Sie wäre froh gewesen, sich allein
Zu retten, hätte dankbar ihr Geschick
Erkannt und fremdes Blut vor dem Altar
Vergossen, hätte Pflicht genannt,
Was Not war. Nun lockt meine Güte
In ihrer Brust verwegnen Wunsch herauf.
Vergebens hofft ich, sie mir zu verbinden;
Sie sinnt sich nun ein eigen Schicksal aus.
Durch Schmeichelei gewann sie mir das Herz:
Nun widersteh ich der, so sucht sie sich
Den Weg durch List und Trug, und meine Güte
Scheint ihr ein alt verjährtes Eigentum.

Dritter Auftritt

Iphigenie. Thoas.

Iphigenie:
Du forderst mich! Was bringt dich zu uns her?

Thoas:
Du schiebst das Opfer auf; sag an, warum?

Iphigenie:
Ich hab an Arkas alles klar erzählt.

Thoas:
Von dir möcht ich es weiter noch vernehmen.

Iphigenie:
Die Göttin gibt dir Frist zur Überlegung.

Thoas:
Sie scheint dir selbst gelegen, diese Frist.

Iphigenie:
Wenn dir das Herz zum grausamen Entschluß
Verhärtet ist, so solltest du nicht kommen!
Ein König, der Unmenschliches verlangt,
Findt Diener gnug, die gegen Gnad und Lohn
Den halben Fluch der Tat begierig fassen;
Doch seine Gegenwart bleibt unbefleckt.
Er sinnt den Tod in einer schweren Wolke,
Und seine Boten bringen flammendes
Verderben auf des Armen Haupt hinab;
Er aber schwebt durch seine Höhen ruhig,
Ein unerreichter Gott, im Sturme fort.

Thoas:

Die heil'ge Lippe tönt ein wildes Lied.

Iphigenie:

Nicht Priesterin! nur Agamemnons Tochter.
Der Unbekannten Wort verehrtest du,
Der Fürstin willst du rasch gebieten? Nein!
Von Jugend auf hab ich gelernt gehorchen,
Erst meinen Eltern und dann einer Gottheit,
Und folgsam fühlt ich immer meine Seele
Am schönsten frei; allein dem harten Worte,
Dem rauhen Ausspruch eines Mannes mich
Zu fügen, lernt ich weder dort noch hier.

Thoas:

Ein alt Gesetz, nicht ich, gebietet dir.

Iphigenie:

Wir fassen ein Gesetz begierig an,
Das unsrer Leidenschaft zur Waffe dient.
Ein andres spricht zu mir, ein älteres,
Mich dir zu widersetzen: das Gebot,
Dem jeder Fremde heilig ist.

Thoas:

Es scheinen die Gefangnen dir sehr nah
Am Herzen, denn vor Anteil und Bewegung
Vergissest du der Klugheit erstes Wort,
Daß man den Mächtigen nicht reizen soll.

Iphigenie:

Red oder schweig ich, immer kannst du wissen,
Was mir im Herzen ist und immer bleibt.
Löst die Erinnerung des gleichen Schicksals

Nicht ein verschloßnes Herz zum Mitleid auf?
Wie mehr denn meins! In ihnen seh ich mich.
Ich habe vorm Altare selbst gezittert,
Und feierlich umgab der frühe Tod
Die Knieende; das Messer zuckte schon,
Den lebenvollen Busen zu durchbohren;
Mein Innerstes entsetzte wirbelnd sich,
Mein Auge brach, und – ich fand mich gerettet.
Sind wir, was Götter gnädig uns gewährt,
Unglücklichen nicht zu erstatten schuldig?
Du weißt es, kennst mich, und du willst mich zwingen!

Thoas:
Gehorche deinem Dienste, nicht dem Herrn!

Iphigenie:
Laß ab! Beschönige nicht die Gewalt,
Die sich der Schwachheit eines Weibes freut.
Ich bin so frei geboren als ein Mann.
Stünd Agamemnons Sohn dir gegenüber
Und du verlangtest, was sich nicht gebührt,
So hat auch er ein Schwert und einen Arm,
Die Rechte seines Busens zu verteid'gen.
Ich habe nichts als Worte, und es ziemt
Dem edlen Mann, der Frauen Wort zu achten.

Thoas:
Ich acht es mehr als eines Bruders Schwert.

Iphigenie:
Das Los der Waffen wechselt hin und her:
Kein kluger Streiter hält den Feind gering.
Auch ohne Hülfe gegen Trutz und Härte

Hat die Natur den Schwachen nicht gelassen.
Sie gab zur List ihm Freude, lehrt' ihn Künste:
Bald weicht er aus, verspätet und umgeht.
Ja, der Gewaltige verdient, daß man sie übt.

Thoas:
Die Vorsicht stellt der List sich klug entgegen.

Iphigenie:
Und eine reine Seele braucht sie nicht.

Thoas:
Sprich unbehutsam nicht dein eigen Urteil!

Iphigenie:
O sähest du, wie meine Seele kämpft,
Ein bös Geschick, das sie ergreifen will,
Im ersten Anfall mutig abzutreiben!
So steh ich denn hier wehrlos gegen dich?
Die schöne Bitte, den anmut'gen Zweig,
In einer Frauen Hand gewaltiger
Als Schwert und Waffe, stößest du zurück:
Was bleibt mir nun, mein Innres zu verteid'gen?
Ruf ich die Göttin um ein Wunder an?
Ist keine Kraft in meiner Seele Tiefen?

Thoas:
Es scheint, der beiden Fremden Schicksal macht
Unmäßig dich besorgt. Wer sind sie, sprich,
Für die dein Geist gewaltig sich erhebt?

Iphigenie:
Sie sind – sie scheinen – für Griechen halt ich sie.

Thoas:
Landsleute sind es? und sie haben wohl
Der Rückkehr schönes Bild in dir erneut?

Iphigenie *nach einigem Stillschweigen*:
Hat denn zur unerhörten Tat der Mann
Allein das Recht? Drückt denn Unmögliches
Nur er an die gewalt'ge Heldenbrust?
Was nennt man groß? Was hebt die Seele schaudernd
Dem immer wiederholenden Erzähler,
Als was mit unwahrscheinlichem Erfolg
Der Mutigste begann? Der in der Nacht
Allein das Heer des Feindes überschleicht,
Wie unversehen eine Flamme wütend
Die Schlafenden, Erwachenden ergreift,
Zuletzt, gedrängt von den Ermunterten,
Auf Feindes Pferden doch mit Beute kehrt,
Wird der allein gepriesen? der allein,
Der, einen sichern Weg verachtend, kühn
Gebirg und Wälder durchzustreifen geht,
Daß er von Räubern eine Gegend säubre?
Ist uns nichts übrig? Muß ein zartes Weib
Sich ihres angebornen Rechts entäußern,
Wild gegen Wilde sein, wie Amazonen
Das Recht des Schwerts euch rauben und mit Blute
Die Unterdrückung rächen? Auf und ab
Steigt in der Brust ein kühnes Unternehmen:
Ich werde großem Vorwurf nicht entgehn
Noch schwerem Übel, wenn es mir mißlingt;
Allein euch leg ich's auf die Kniee! Wenn
Ihr wahrhaft seid, wie ihr gepriesen werdet,
So zeigt's durch euern Beistand und verherrlicht

Durch mich die Wahrheit! – Ja, vernimm, o König,
Es wird ein heimlicher Betrug geschmiedet:
Vergebens fragst du den Gefangnen nach;
Sie sind hinweg und suchen ihre Freunde,
Die mit dem Schiff am Ufer warten, auf.
Der ältste, den das Übel hier ergriffen
Und nun verlassen hat – es ist Orest,
Mein Bruder, und der andre sein Vertrauter,
Sein Jugendfreund, mit Namen Pylades.
Apoll schickt sie von Delphi diesem Ufer
Mit göttlichen Befehlen zu, das Bild
Dianens wegzurauben und zu ihm
Die Schwester hinzubringen, und dafür
Verspricht er dem von Furien Verfolgten,
Des Mutterblutes Schuldigen, Befreiung.
Uns beide hab ich nun, die Überbliebnen
Von Tantals Haus, in deine Hand gelegt:
Verdirb uns – wenn du darfst.

Thoas:

Du glaubst, es höre
Der rohe Skythe, der Barbar, die Stimme
Der Wahrheit und der Menschlichkeit, die Atreus,
Der Grieche, nicht vernahm?

Iphigenie:

Es hört sie jeder,
Geboren unter jedem Himmel, dem
Des Lebens Quelle durch den Busen rein
Und ungehindert fließt. – Was sinnst du mir,
O König, schweigend in der tiefen Seele?
Ist es Verderben? so töte mich zuerst!

Denn nun empfind ich, da uns keine Rettung
Mehr übrigbleibt, die gräßliche Gefahr,
Worein ich die Geliebten übereilt
Vorsätzlich stürzte. Weh! Ich werde sie
Gebunden vor mir sehn! Mit welchen Blicken
Kann ich von meinem Bruder Abschied nehmen,
Den ich ermorde? Nimmer kann ich ihm
Mehr in die vielgeliebten Augen schaun!

Thoas:

So haben die Betrüger künstlich dichtend
Der lang Verschloßnen, ihre Wünsche leicht
Und willig Glaubenden ein solch Gespinst
Ums Haupt geworfen!

Iphigenie:

Nein! o König, nein!
Ich könnte hintergangen werden; diese
Sind treu und wahr. Wirst du sie anders finden,
So laß sie fallen und verstoße mich,
Verbanne mich zur Strafe meiner Torheit
An einer Klippeninsel traurig Ufer.
Ist aber dieser Mann der lang erflehte
Geliebte Bruder, so entlaß uns, sei
Auch den Geschwistern wie der Schwester freundlich!
Mein Vater fiel durch seiner Frauen Schuld
Und sie durch ihren Sohn. Die letzte Hoffnung
Von Atreus' Stamme ruht auf ihm allein.
Laß mich mit reinem Herzen, reiner Hand
Hinübergehn und unser Haus entsühnen.
Du hältst mir Wort! – Wenn zu den Meinen je
Mir Rückkehr zubereitet wäre, schwurst

Du, mich zu lassen; und sie ist es nun.
Ein König sagt nicht, wie gemeine Menschen,
Verlegen zu, daß er den Bittenden
Auf einen Augenblick entferne; noch
Verspricht er auf den Fall, den er nicht hofft:
Dann fühlt er erst die Höhe seiner Würde,
Wenn er den Harrenden beglücken kann.

Thoas:
Unwillig, wie sich Feuer gegen Wasser
Im Kampfe wehrt und gischend seinen Feind
Zu tilgen sucht, so wehret sich der Zorn
In meinem Busen gegen deine Worte.

Iphigenie:
O laß die Gnade wie das heil'ge Licht
Der stillen Opferflamme mir, umkränzt
Von Lobgesang und Dank und Freude, lodern.

Thoas:
Wie oft besänftigte mich diese Stimme!

Iphigenie:
O reiche mir die Hand zum Friedenszeichen!

Thoas:
Du forderst viel in einer kurzen Zeit.

Iphigenie:
Um Guts zu tun, braucht's keiner Überlegung.

Thoas:
Sehr viel! denn auch dem Guten folgt das Übel.

Iphigenie:
Der Zweifel ist's, der Gutes böse macht.
Bedenke nicht; gewähre, wie du's fühlst.

Vierter Auftritt

Orest, gewaffnet. Die Vorigen.

Orest *nach der Szene gekehrt*:
Verdoppelt eure Kräfte! Haltet sie
Zurück! Nur wenig Augenblicke! Weicht
Der Menge nicht und deckt den Weg zum Schiffe
Mir und der Schwester!
Zu Iphigenien, ohne den König zu sehen:
Komm, wir sind verraten.
Geringer Raum bleibt uns zur Flucht. Geschwind!
Er erblickt den König.

Thoas *nach dem Schwerte greifend*:
In meiner Gegenwart führt ungestraft
Kein Mann das nackte Schwert.

Iphigenie:
Entheiliget
Der Göttin Wohnung nicht durch Wut und Mord!
Gebietet eurem Volke Stillstand, höret
Die Priesterin, die Schwester!

Orest:
Sage mir!
Wer ist es, der uns droht?

Iphigenie:
Verehr in ihm
Den König, der mein zweiter Vater ward!
Verzeih mir, Bruder! doch mein kindlich Herz
Hat unser ganz Geschick in seine Hand
Gelegt. Gestanden hab ich euern Anschlag
Und meine Seele vom Verrat gerettet.

Orest:
Will er die Rückkehr friedlich uns gewähren?

Iphigenie:
Dein blinkend Schwert verbietet mir die Antwort.

Orest *(der das Schwert einsteckt)*:
So sprich! Du siehst, ich horche deinen Worten.

Fünfter Auftritt

Die Vorigen. Pylades. Bald nach ihm Arkas. Beide mit bloßen Schwertern.

Pylades:
Verweilet nicht! Die letzten Kräfte raffen
Die Unsrigen zusammen; weichend werden
Sie nach der See langsam zurückgedrängt.
Welch ein Gespräch der Fürsten find ich hier!
Dies ist des Königes verehrtes Haupt!

Arkas:
Gelassen, wie es dir, o König, ziemt,
Stehst du den Feinden gegenüber. Gleich

Ist die Verwegenheit bestraft; es weicht
Und fällt ihr Anhang, und ihr Schiff ist unser.
Ein Wort von dir, so steht's in Flammen.

Thoas:

Geh!
Gebiete Stillstand meinem Volke! Keiner
Beschädige den Feind, solang wir reden.
Arkas ab.

Orest:

Ich nehm es an. Geh, sammle, treuer Freund,
Den Rest des Volkes; harret still, welch Ende
Die Götter unsern Taten zubereiten
Pylades ab.

Sechster Auftritt

Iphigenie. Thoas. Orest.

Iphigenie:

Befreit von Sorge mich, eh ihr zu sprechen
Beginnet. Ich befürchte bösen Zwist,
Wenn du, o König, nicht der Billigkeit
Gelinde Stimme hörest; du, mein Bruder,
Der raschen Jugend nicht gebieten willst.

Thoas:

Ich halte meinen Zorn, wie es dem Ältern
Geziemt, zurück. Antworte mir! Womit
Bezeugst du, daß du Agamemnons Sohn
Und dieser Bruder bist?

Orest:

Hier ist das Schwert,
Mit dem er Trojas tapfre Männer schlug.
Dies nahm ich seinem Mörder ab und bat
Die Himmlischen, den Mut und Arm, das Glück
Des großen Königes mir zu verleihn
Und einen schönern Tod mir zu gewähren.
Wähl einen aus den Edeln deines Heers
Und stelle mir den Besten gegenüber!
So weit die Erde Heldensöhne nährt,
Ist keinem Fremdling dies Gesuch verweigert.

Thoas:

Dies Vorrecht hat die alte Sitte nie
Dem Fremden hier gestattet.

Orest:

So beginne
Die neue Sitte denn von dir und mir!
Nachahmend heiliget ein ganzes Volk
Die edle Tat der Herrscher zum Gesetz.
Und laß mich nicht allein für unsre Freiheit,
Laß mich, den Fremden, für die Fremden kämpfen!
Fall ich, so ist ihr Urteil mit dem meinen
Gesprochen; aber gönnet mir das Glück
Zu überwinden, so betrete nie
Ein Mann dies Ufer, dem der schnelle Blick
Hülfreicher Liebe nicht begegnet, und
Getröstet scheide jeglicher hinweg!

Thoas:

Nicht unwert scheinest du, o Jüngling, mir
Der Ahnherrn, deren du dich rühmst, zu sein.

Groß ist die Zahl der edeln, tapfern Männer,
Die mich begleiten; dich ich stehe selbst
In meinen Jahren noch dem Feinde, bin
Bereit, mit dir der Waffen Los zu wagen.

Iphigenie:
Mitnichten! Dieses blutigen Beweises
Bedarf es nicht, o König! Laßt die Hand
Vom Schwerte! Denkt an mich und mein Geschick.
Der rasche Kampf verewigt einen Mann:
Er falle gleich, so preiset ihn das Lied.
Allein die Tränen, die unendlichen,
Der überbliebnen, der verlaßnen Frau
Zählt keine Nachwelt, und der Dichter schweigt
Von tausend durchgeweinten Tag' und Nächten,
Wo eine stille Seele den verlornen,
Rasch abgeschiednen Freund vergebens sich
Zurückzurufen bangt und sich verzehrt.
Mich selbst hat eine Sorge gleich gewarnt,
Daß der Betrug nicht eines Räubers mich
Vom sichern Schutzort reiße, mich der Knechtschaft
Verrate. Fleißig hab ich sie befragt,
Nach jedem Umstand mich erkundigt, Zeichen
Gefordert, und gewiß ist nun mein Herz.
Sieh hier an seiner rechten Hand das Mal
Wie von drei Sternen, das am Tage schon,
Da er geboren ward, sich zeigte, das
Auf schwere Tat, mit dieser Faust zu üben,
Der Priester deutete. Dann überzeugt
Mich doppelt diese Schramme, die ihm hier
Die Augenbraune spaltet. Als ein Kind
Ließ ihn Elektra, rasch und unvorsichtig

Nach ihrer Art, aus ihren Armen stürzen.
Er schlug auf einen Dreifuß auf – Er ist's –
Soll ich dir noch die Ähnlichkeit des Vaters,
Soll ich das innre Jauchzen meines Herzens
Dir auch als Zeugen der Versichrung nennen?

Thoas:

Und hübe deine Rede jeden Zweifel
Und bändigt ich den Zorn in meiner Brust.
So würden doch die Waffen zwischen uns
Entscheiden müssen; Frieden seh ich nicht.
Sie sind gekommen, du bekennest selbst,
Das heil'ge Bild der Göttin mir zu rauben.
Glaubt ihr, ich sehe dies gelassen an?
Der Grieche wendet oft sein lüstern Auge
Den fernen Schätzen der Barbaren zu,
Dem goldnen Felle, Pferden, schönen Töchtern;
Doch führte sie Gewalt und List nicht immer
Mit den erlangten Gütern glücklich heim.

Orest:

Das Bild, o König, soll uns nicht entzweien!
Jetzt kennen wir den Irrtum, den ein Gott
Wie einen Schleier um das Haupt uns legte,
Da er den Weg hierher uns wandern hieß.
Um Rat und um Befreiung bat ich ihn
Von dem Geleit der Furien; er sprach:
„Bringst du die Schwester, die an Tauris' Ufer
Im Heiligtume wider Willen bleibt,
Nach Griechenland, so löset sich der Fluch."
Wir legten's von Apollens Schwester aus,
Und er gedachte dich! Die strengen Bande

Sind nun gelöst; du bist den Deinen wieder,
Du Heilige, geschenkt. Von dir berührt,
War ich geheilt; in deinen Armen faßte
Das Übel mich mit allen seinen Klauen
Zum letztenmal und schüttelte das Mark
Entsetzlich mir zusammen; dann entfloh's
Wie eine Schlange zu der Höhle. Neu
Genieß ich nun durch dich das weite Licht
Des Tages. Schön und herrlich zeigt sich mir
Der Göttin Rat. Gleich einem heil'gen Bilde,
Daran der Stadt unwandelbar Geschick
Durch ein geheimes Götterwort gebannt ist,
Nahm sie dich weg, dich Schützerin des Hauses;
Bewahrte dich in einer heil'gen Stille
Zum Segen deines Bruders und der Deinen.
Da alle Rettung auf der weiten Erde
Verloren schien, gibst du uns alles wieder.
Laß deine Seele sich zum Frieden wenden,
O König! Hindre nicht, daß sie die Weihe
Des väterlichen Hauses nun vollbringe,
Mich der entsühnten Halle wiedergebe,
Mir auf das Haupt die alte Krone drücke!
Vergilt den Segen, den sie dir gebracht,
Und laß des nähern Rechtes mich genießen!
Gewalt und List, der Männer höchster Ruhm,
Wird durch die Wahrheit dieser hohen Seele
Beschämt, und reines, kindliches Vertrauen
Zu einem edeln Manne wird belohnt.

Iphigenie:
Denk an dein Wort, und laß durch diese Rede
Aus einem graden, treuen Munde dich

Bewegen! Sieh uns an! Du hast nicht oft
Zu solcher edeln Tat Gelegenheit.
Versagen kannst du's nicht; gewähr es bald!

Thoas:
So geht!

Iphigenie:
Nicht so, mein König! Ohne Segen,
In Widerwillen scheid ich nicht von dir.
Verbann uns nicht! Ein freundlich Gastrecht walte
Von dir zu uns: so sind wir nicht auf ewig
Getrennt und abgeschieden. Wert und teuer,
Wie mir mein Vater war, so bist du's mir,
Und dieser Eindruck bleibt in meiner Seele.
Bringt der Geringste deines Volkes je
Den Ton der Stimme mir ins Ohr zurück,
Den ich an euch gewohnt zu hören bin,
Und seh ich an dem Ärmsten eure Tracht:
Empfangen will ich ihn wie einen Gott,
Ich will ihm selbst ein Lager zubereiten,
Auf einen Stuhl ihn an das Feuer laden
Und nur nach dir und deinem Schicksal fragen.
O geben dir die Götter deiner Taten
Und deiner Milde wohlverdienten Lohn!
Leb wohl! O wende dich zu uns und gib
Ein holdes Wort des Abschieds mir zurück!
Dann schwellt der Wind die Segel sanfter an,
Und Tränen fließen lindernder vom Auge
Des Scheidenden. Leb wohl! und reiche mir
Zum Pfand der alten Freundschaft deine Rechte.

Thoas:
Lebt wohl!